2e édition

écho

méthode de français

CAHIER PERSONNEL D'APPRENTISSAGE

S. Callet / J. Girardet

B2

Crédits photographiques

p. 7 : Ph. © Pierre Gleizes / REA – **p. 10 :** Ph. © Patricks Aventurier / Gamma / EYEDEA – **p. 18 :** Ph. © Patrick Tourneboeuf / TENDANCE FLOUE – **p. 19 :** Ph. © Etienne de Malglaive / REA – **p. 27 :** BIS / Ph. Coll. Archives Larbor – **p. 28 :** Ph. © Stephane Audras / REA – **p. 31 :** BIS / Ph. Coll. Archives Nathan - DR – **p. 43 :** Ph. © Evrard JS / SIPA PRESS – **p. 44 :** Ph. © Larry Dawning / REUTERS – **p. 52 :** Ph. © Philippe Jastrzeb / SIGNATURES – **p. 53 :** Ph. © Marta Nascimento / REA – **p. 59 :** Ph. © Frederic Stevens / SIPA PRESS – **p. 60 :** BIS / Ph. Jeanbor © Archives Larbor – **p. 67 :** BIS / Ph. © Archives Bordas – **p. 68 :** Ph. © KRUPA / ENPOL / SIPA PRESS – **p. 76 :** Ph. © Boris Horvat / AFP – **p. 78 :** Ph. © Bordas / SIPA PRESS – **p. 81 :** Ph. © Jean François Rault / Collection CORBIS – **p. 84 :** BIS / Ph. © Etienne Carjat - Coll. Archives Larbor – **p. 88 :** Ph. © Pascal Gely / ENGUERAND / BERNAND (CDDS) – **p. 93 :** Ph. © ROBERT TERZIAN – **p. 96 :** Ph. © Editions GALLIMARD – **p. 97 :** © Canal+, Les Films d'Ici, Gimages 4 / BIS / Ph. Coll. Archives Larbor – **p. 106 :** Ph. © Richard Damoret / REA – **p. 114 :** Ph. © Philippe Schuller / SIGNATURES – **p. 123 :** Ph. © Stephane Audras / REA – **p. 124 :** Ph. © Herve Vincent / REA – **p. 133 :** Ph. © Calvi / AFP - DR. – **p. 134 :** Ph. © Lanier / REA – **p. 141 :** Ph. © Didier Maillac / REA.

Direction éditoriale : Béatrice Rego
Édition : Christine Grall
Conception : Nada Abaïdia
Réalisation : Juliette Lancien
Recherche iconographique : Danièle Portaz
Couverture : Grizelda Agnesi

ISBN : 978-2-09-038496-3

Sommaire

N.B. **00** Les activités d'écoute sont signalées avec le numéro de la piste d'enregistrement sur le CD.

Faites le point

Vous allez apprendre à :

- ☑ comprendre des textes sur l'éducation et la formation
- ☑ enchaîner des idées
- ☑ décrire une évolution

Travail avec les pages Interactions

Vocabulaire

• dégénérescence (n.f.) ______	circonspect (adj.) ______	dérouter (v.) ______
labyrinthe (n.m.) ______	effectif (adj.) ______	élucider (v.) ______
manipulation (n.f.) ______	impulsif (adj.) ______	nomadiser (v.) ______
pivot (n.m.) ______	initiatique (adj.) ______	ruser (v.) ______
pôle (n.m.) ______	insouciant (adj.) ______	• faire le point (expr.) ______
profil (n.m.) ______	tapageur (adj.) ______	mettre au point (expr.) ______
systématisme (n.m.) ______	tonique (adj.) ______	remettre (se) en question (expr.) ______
• accessible (adj.) ______	• ancrer (v.) ______	être susceptible de (expr.) ______

1. Relisez le texte page 6 du livre de l'élève et choisissez la phrase la plus exacte.

A. ☐ **1.** Si chaque individu ne se remet pas en question, il peut s'ennuyer dans son travail.
☒ **2.** Si l'individu évolue, il peut arriver qu'il s'ennuie dans un travail qui lui plaisait initialement.
☐ **3.** Le monde va changer et chaque individu sera obligé d'évoluer.

B. ☐ **1.** La méthode TRICAM a été inventée par John Holland.
☐ **2.** John Holland est le fondateur de la Maison de l'orientation.
☒ **3.** La méthode TRICAM s'est inspirée des travaux de John Holland.

C. ☐ **1.** Cette méthode permet de définir les six compétences principales de chaque individu.
☒ **2.** Cette méthode permet de définir les compétences des individus à partir de six pôles dominants.
☐ **3.** Cette méthode propose aux individus six métiers qui correspondent à leur compétence.

D. ☒ **1.** Selon Christine Vandenplas-Holper, le cycle de la vie sociale est composé de trois étapes.
☐ **2.** Selon Mme Vandenplas-Holper, les capacités d'apprentissage sont effectives entre 18 et 60 ans.
☐ **3.** Le développement de l'individu est organisé selon quatre périodes essentielles : croissance, maturité, dégénérescence, mort.

E. ☒ **1.** Entre 18 et 60 ans, l'individu doit effectuer des choix, chercher sa route.
☐ **2.** Entre 18 et 60 ans, l'individu connaît un âge heureux et insouciant.
☐ **3.** L'individu connaît en général une période initiatique avant l'âge de 18 ans.

2. Complétez les phrases avec les mots proposés. Attention aux accords et aux temps des verbes.

a. Complétez avec :

s'adapter – faire le point – orienter – se remettre en question

Vous devriez faire le point sur vos compétences, ce travail ne vous correspond plus et vous en souffrez. Il est parfois important de se remettre en question. Vous devriez vous orienter vers un travail moins stressant. Avec une bonne formation, vous vous s'adapterez sans problème.

b. Complétez avec :

accessible – créatif – être susceptible de – impulsif

Les métiers de la publicité seraient susceptibles de lui plaire car il est créatif. Il est toujours en train d'imaginer des histoires.

Quand il y a un problème dans le service, Stéphanie réagit trop vite. Elle est trop impulsive.

Avec une licence de droit, plusieurs métiers vous sont accessibles.

c. Complétez avec :

capacité – compétence – orientation – profil

Pierre veut donner une nouvelle orientation à sa carrière. C'est pourquoi il a posé sa candidature à un poste de chef de projet en Australie. Son âge et son expérience correspondent au profil du poste. Il a de bonnes compétences en gestion. De plus, je suis sûr qu'il a la capacité de diriger une équipe.

3. Relevez dans le texte (p. 6, livre de l'élève) les mots qui expriment le changement, le mouvement ou l'évolution

a. Verbes : remetre en question - changer - évoluer - orienter.

b. Substantifs : développement - orientation - évolution

c. Adjectifs : changeant

4. Trouvez le contraire des mots suivants.

a. dépendant ≠ indépendant
b. égoïste ≠ généreux
c. plaire ≠ déplaire
d. hétérogène ≠ homogène
e. décroissance ≠ croissance
f. désorganisé ≠ méthodique (organisé)
g. augmenter ≠ diminuer
h. progresser ≠ régresser
i. accepter ≠ refuser

5. Trouvez le substantif de chaque verbe.

Exemple : Remettre en question une politique → La remise en question d'une politique

a. Changer de cap : le changement de cap

b. Développer un projet : le développement d'un projet

c. Mettre au point une stratégie : la mise au point d'une stratégie

d. Orienter sa carrière : l'orientation de sa carrière

e. Gérer son budget : la gestion de son budget

f. Élucider une affaire criminelle : l'élucidation d'une affaire criminelle

g. Chercher un emploi : la recherche d'un emploi

h. Réussir un concours : la réussite d'un concours

i. Une carrière qui évolue : l'évolution d'une carrière

j. Un chiffre d'affaire qui croît : la croissance d'un chiffre d'affaire

6. Relisez les témoignages page 7. À votre avis, dans quel pays ces étudiants suivent-ils leurs études ?

a. « Hier j'ai révisé mon partiel de géographie à la bibliothèque de l'université jusqu'à 21h30, puis je suis rentré chez moi. »

→ en Espagne

b. « J'ai manqué deux semaines de cours car je devais rentrer en France. Je n'ai pas eu besoin de demander les notes et le cours à mes camarades de classe. »

→ en Belgique

c. « Nous sommes allés boire un café à la pause de 10 h avec notre professeur d'histoire. »

en Grande-Bretagne

d. « Mon ordinateur ne marche plus depuis deux semaines. J'envoie mes courriels de l'université quotidiennement, il y en a toujours un de disponible. » → en Belgique

e. « Nous avons invité notre professeur à un spectacle de danse organisé par notre association. Heureusement nous avions son adresse électronique car les cours étaient déjà terminés. » → en Grande-Bretagne

f. « Le cours de yoga aura lieu demain à 22h30 en salle 232, à côté de l'amphi 2. »

→ en Espagne

Travail avec les pages Ressources

Vocabulaire

• aide logistique (n.f.) logistic help	• ambigu (adj.) / guë	réparer (une faute) (v.)
allocation (n.f.) benefit	référent (adj.)	• conclure un accord (expr.)
expatriation (n.f.)	• déboucher (v.) unlock clear	s'y prendre (pour faire qqch) (expr.)
option (n.f.)	déformer (v.)	

C'est à savoir

Les connecteurs logiques et l'enchaînement des idées

- **Idées qui se suivent :** *d'abord, ensuite, par ailleurs, de plus, etc.*

  → *Il s'est* ***d'abord*** *inscrit en lettres,* ***puis*** *il a décidé de faire des études de philosophie.* ***De plus****, il a changé d'université.*

- **Idées en parallèle :** *d'une part ... d'autre part, d'un côté ... d'un autre côté, en même temps, non seulement ... mais aussi, soit ... soit, etc.*

  → *Vous devez* ***d'une part*** *payer les droits d'inscription à l'université,* ***d'autre part*** *les frais médicaux.*

- **Idées opposées :** *en revanche, toutefois, cependant, or, néanmoins, pourtant, etc.*

  → *Il n'a jamais aimé lire,* ***en revanche*** *il s'est toujours passionné pour les mathématiques.*

  → *Vous avez réussi l'examen, félicitations !* ***Cependant*** *je vous conseille de perfectionner votre anglais avant la rentrée des classes.*

1. Enchaînez les idées. Aidez-vous de l'encadré « C'est à savoir ».
Il y a plusieurs raisons pour lesquelles il a choisi d'étudier en France. D'une part, ...

....

....

....

....

....

- son goût pour les langues étrangères
  - il étudie le français, l'italien et l'espagnol depuis huit ans
  - il veut devenir traducteur
  - il adore la littérature française
- son envie d'être dans un environnement multiculturel
  - l'échange Erasmus lui permettra de connaître d'autres étudiants de toute l'Europe
  - il pense que la mobilité est essentielle pour construire l'Europe
  - il aimerait travailler pour les institutions européennes
- sa petite amie vit en France
  - elle étudiera dans la même université

2. Complétez les phrases en utilisant les mots suivants :

en revanche – non seulement ... mais aussi – cependant – pourtant – tout d'abord – toutefois – puis

a. Pour partir en échange Erasmus, vous devez .... finir votre première année d'université, ... passer un test linguistique. .... je vous conseille d'attendre la troisième année pour partir car vivre à l'étranger demande une certaine maturité.

b. Elle ne parle pas très bien anglais, ... elle est partie un an faire ses études à Londres.

c. Vous devez obtenir la moyenne à votre examen final. .... les notes obtenues pendant l'année et l'assiduité au cours pourront compter.

d. Pour entrer dans cette université, vous devez .... être très bon en langues, ... avoir un niveau excellent en littérature.

e. Son dossier a été accepté. .... il devra passer un entretien avec le responsable de la formation.

3. Complétez le texte avec des connecteurs logiques.

Le rôle des Centres d'information et d'orientation (CIO)

.... le rôle des CIO consiste à favoriser l'accueil de tout public et en priorité des jeunes scolarisés et de leur famille. .... il propose une information sur les études, les formations professionnelles, les qualifications et les professions.

.... vous pouvez obtenir un conseil individuel. Le CIO offre .... une observation .... une analyse des transformations locales du système éducatif et des évolutions du marché du travail.

.... le CIO met en place des échanges et des réflexions entre les partenaires du système éducatif, les parents, les jeunes, les décideurs locaux et les responsables économiques.

24 Jan

4. Trouvez deux mots de la même étymologie puis quatre mots exprimant la même idée.

Exemple : une évolution → évoluer, évolutif – un changement, une transformation, un développement, une mutation.

a. étudier → ______, ______ – ______, ______, ______, ______

b. enseigner → ______, ______ – ______, ______, ______, ______

c. travailler → ______, ______ – ______, ______, ______, ______

d. une école → ______, ______ – ______, ______, ______, ______

5. 1 **Travaillez vos automatismes.**

Exemple : elle a réussi l'examen → *Quelle réussite !*

a. il a échoué à l'examen

b. elle a beaucoup changé

c. il a évolué ces dernières années

d. les prix ont augmenté

e. cette ville est transformée

f. il est très organisé

g. cet étudiant est très motivé

h. elle est très ouverte d'esprit

Travail avec les pages Projet

Vocabulaire

• agrégé(e) (professeur) (n.m./f.) ______
aspirant (n.m.) ______
bémol (n.m.) ______
bruitage (n.m.) ______
certifié(e) (professeur) (n.m./f.) ______
cursus (n.m.) ______
domestique (n.m./f.) ______
épanouissement (n.m.) ______
loge (de théâtre) (n.f.) ______
mention (n.f.) ______
partition (n.f.) ______
perche (n.f.) ______
plateau (de télévision) (n.m.) ______
principal (de collège) (n.m.) ______
proviseur (de lycée) (n.m.) ______
rame (de métro) (n.f.) ______
scénariste (n.m./f.) ______
solfège (n.m.) ______
tapissier (n.m.) ______
• couru (adj.) ______
élitiste (adj.) ______
emblématique (adj.) ______
gâté (adj.) ______
judicieux (adj.) ______
palpable (adj.) ______
redoutable (adj.) ______
• abriter (v.) ______
caser (se) (v.) ______
combler (v.) ______
défiler (v.) ______
• à demeure (expr.) ______
aller de pair avec (expr.) ______
avoir accès à (expr.) ______
de bric et de broc (expr.) ______
en vogue (expr.) ______
rouler sa bosse (expr.) ______
s'investir (dans) (expr.) ______
travailler d'arrache-pied (expr.) ______

1. Relisez le texte page 10 et répondez aux questions.

a. Où est située l'école de la Fémis ? Il est située à Paris, sur la butte Montmartre

b. Que signifie la « Fémis » ? Fondation européenne pour les métiers de l'image et du son

c. Qu'est-ce que les « minutes Lumière » ?

d. Qui participe et intervient aux « minutes Lumière » ?

e. Quelles sont les différentes spécialités proposées par l'école et quelle est celle qui attire le plus les étudiants ?

f. Quelle est la formation la moins demandée ?

g. Quelle formation vient d'être créée à la Fémis ?

h. À votre avis, pourquoi la journaliste parle des « enfants gâtés du septième art » ?

2. Relisez le texte « Les sociétés de compagnons » page 12 et complétez la fiche.

Origine :

Statut juridique :

Âge minimum requis :

Types de métiers :

Spécificités :

Condition de validation de la formation :

3. Complétez la grille.

1. Les mathématiques ou l'histoire en sont une.
2. Personne qui enseigne à l'école élémentaire.
3. Capable de travailler seul.
4. On le fait parfois pour valider un cursus d'études.
5. Établissement où l'on étudie.
6. Unité de valeur.
7. Personne qui étudie.

4. Relisez l'encadré « Le point sur... l'après-bac », page 13, et dites si les affirmations sont vraies ou fausses. Puis justifiez votre choix.

	Vrai	Faux
a. Il faut avoir une mention « bien » ou « très bien » au bac pour entrer dans une grande école.	☐	☐
b. Les grandes écoles sélectionnent les élèves uniquement à partir des notes obtenues au baccalauréat.	☐	☐
c. Les grandes écoles comme HEC ou l'ESSEC sont privées et payantes.	☐	☐
d. Trois années d'études à l'université correspondent à un master.	☐	☐

	Vrai	Faux
e. L'obtention d'un doctorat permet d'entrer à Polytechnique.	☐	☒
2 ans préparation et réussir au concours d'entrée		
f. En Belgique, le diplôme du bac est appelé « bachelor » ou « bachelier ».	☒	☐
licence remplacée par le diplôme		
g. Il existe aussi des « grandes écoles » en Belgique et au Québec, mais elles sont moins élitistes.	☒	☐
... le recrutement n'est pas aussi élitiste que les grandes écoles		

Élèves de Polytechnique

5. 2 **Écoutez le document sonore et complétez le tableau.**

Aide à l'écoute :

• **khâgne :** classe préparatoire au concours d'entrée à l'École normale supérieure, section lettres.

	Chloé	Marie	Christophe
Études en cours	second année de prépa	1re année de BTS	en thèse
Discipline	Khâgne	audiovisuel	mathématiques
Diplôme précédent obtenu	Normale Supérieure baccalauréat	bac professionnel	master
Profession envisagée	Prof. philosophie	audiovisuel	enseignant à l'Université

6. **« Étudiants, voyagez plus ! » : lisez le texte ci-contre et répondez aux questions.**

a. Quels sont les étudiants qui partent en général à l'étranger dans le cadre d'Erasmus ?

b. Combien de bourses Erasmus ont-elles été délivrées en 2008 ?

c. Quelles sont les quatre raisons principales de la baisse des cursus à l'étranger entre 2000 et 2006 ? Expliquez.

1.

2.

3.

4.

d. Quels sont les aspects positifs ou négatifs des séjours Erasmus selon les étudiants interrogés par la journaliste ?

e. D'après la journaliste, pourquoi est-il très important de partir à l'étranger ?

ENTREPRENDRE

La mobilité internationale en baisse

Étudiants, voyagez plus !

Les jeunes Français ne partent pas assez à la conquête du monde. Quatre mille boursiers Erasmus n'ont pas trouvé preneur cette année.

Depuis le film « L'Auberge espagnole », la cause est entendue : les séjours étudiants en Erasmus, programmes d'études dans une fac européenne, c'est formidable ! On s'y amuse « *comme dans le film* », confirme Shirly Elbase, une étudiante de Paris-I. Mais pas seulement. Shirly a passé six mois très excitants à Liverpool. Elle a réussi des examens en anglais et connu une joyeuse bande venue du monde entier qu'elle retrouve un week-end à Madrid, un autre à Rome. Mais la mythologie Erasmus ne doit pas cacher la réalité : 4 000 bourses Erasmus sur 27 000 n'ont pas été utilisées en 2008 et, d'une manière générale, les jeunes Français n'étudient pas assez à l'étranger.

Tous programmes confondus, sur les 2,2 millions d'étudiants, seuls 80 000 vont suivre des cursus à l'étranger. Pis : la mobilité est en baisse – de 25 % entre 2000 et 2006 – et ceux qui partent sont surtout des étudiants « *aisés et initiés* », déplore la ministre de l'Enseignement supérieur, Valérie Pécresse. « *C'est grave à l'heure de la compétition mondiale* », dit Nicolas Jacquet, le président de Campus France, l'agence d'État chargée de la mobilité internationale des étudiants, qui prône, dans un rapport, de multiplier les séjours à l'étranger par cinq en douze ans. Mais pour cela, que d'obstacles à lever, en tout cas à la fac ! D'abord, les deux principaux, le mauvais niveau en langues et l'argent : la bourse est de 192 euros par mois pour un Erasmus, 400 euros pour les boursiers sur critères sociaux ! Insuffisant pour vivre à l'étranger. Il faut donc que papa et maman puissent payer ou que les régions donnent des compléments.

Et puis, à la fac, le séjour à l'étranger reste souvent une sorte de récompense pour les meilleurs alors que, dans les grandes écoles, il est obligatoire dans le cursus. Seulement 679 établissements d'enseignement supérieur sur 3 500 étaient engagés l'an dernier dans un programme Erasmus. Enfin, l'absence d'équivalence de diplôme, l'étroitesse ou le mauvais fonctionnement des accords bilatéraux freinent souvent les élans. « *Telle unité d'enseignement a des échanges avec un département au Danemark alors que les étudiants veulent aller en Espagne ; et finalement, personne ne prend la bourse Erasmus* », raconte un universitaire.

Et puis il y a des cafouillages : Camille, partie avec Erasmus en Grande-Bretagne, découvrit une fois sur place que son dossier avait été perdu (dans sa fac française). Élodie a appris, une semaine avant son départ, que le partenariat entre sa fac et l'université anglaise était annulé. Il faudrait, selon Nicolas Jacquet, mutualiser les accords et créer une « *bourse aux échanges entre les universités européennes* ». Enfin, le nez dans leurs cahiers, les étudiants et les enseignants de fac ne mesurent pas toujours à quel point il est crucial d'aller à l'étranger. Pour la culture, pour soi, pour affronter les futurs recruteurs. Le problème est européen. Les ministres de l'Éducation des 27 doivent se retrouver dans les jours qui viennent pour renforcer leur coopération : il y a du travail ! En attendant, le président de Campus France propose une mesure choc : « *Rendre obligatoire* [le séjour à l'étranger] *pour certains diplômes, comme les masters, et dans certaines disciplines, économie, droit, ingénieur.* » C'est déjà le cas de fait dans la plupart des grandes écoles ou à Sciences-Po. Proposition importante. Une seule question : qui finance ?

Jacqueline de Linares
Le Nouvel Observateur, 20-26 novembre 2008.

Des sites pour bouger

- http://www.touteleurope.fr/fr/actions/social/education-formation/presentation/partir-en-erasmus : renseignements sur Erasmus.
- www.egide.asso.fr : le site d'une des agences de l'État qui gère les mobilités internationales.
- www.worldstudent.com : un site privé d'information sur les études à l'étranger.

7. **Trouvez les mots ou expressions qui correspondent aux reformulations suivantes :**

a. Paragraphe 1 : *c'est un fait établi* → ....

b. Paragraphe 2 : *il y a de nombreuses difficultés à dépasser* → ....

c. Paragraphe 3 : *ils réduisent la motivation* → ....

d. Paragraphe 4 : *il y a des malentendus, des confusions* → ....

Documentez-vous

Vous allez apprendre à :

☑ parler de l'information et de la recherche scientifique
☑ éviter les répétitions
☑ utiliser la forme passive

Travail avec les pages Interactions

Vocabulaire

• circonspection (n.f.) ______
énormité (n.f.) ______
faillite (n.f.) ______
fumisterie (n.f.) ______
label (n.m.) ______
lobby (n.m.) ______
notice (n.f.) ______
obédience (n.f.) ______
propagande (n.f.) ______
référence (n.f.) ______
rigueur (n.f.) ______
vandalisme (n.m.) ______
• accablant (adj.) ______
alarmiste (adj.) ______
autoproclamé (adj.) ______
exponentiel (adj.) ______
négationniste (adj.) ______
occulte (adj.) ______
révisionniste (adj.) ______
• déliter (se) (v.) ______
dénoncer (v.) ______
écumer (v.) ______
reporter (se) à (v.) ______
ricaner (v.) ______
ruminer (v.) ______
s'effondrer (v.) ______
• à géométrie variable (expr.) ______
en vain (adv.) ______
être assorti de (expr.) ______
être digne de (expr.) ______
être en pointe (expr.) ______
mettre sur le tapis (expr.) (*fam.*) ______

1. Relisez le texte pages 14 et 15 du livre de l'élève. Dites si les affirmations suivantes sont vraies ou fausses. Illustrez votre choix par une phrase du texte.

	Vrai	Faux
a. Pierre Assouline a observé que des étudiants ayant obtenu mention « Bien » ou « Très bien » en première année de master à Sciences-Po utilisent Wikipédia très souvent. Il s'en étonne.	☐	☒
b. Ces étudiants n'ont pas conscience de ce qu'est un véritable travail d'information.	☒	☐
c. Alexandre Soljenitsyne a réalisé une étude sur l'Espagne et tout particulièrement sur le général Franco.	☐	☒

31 jan

	Vrai	Faux
d. Dans sa biographie, intitulée *L'Archipel du Goulag*, Soljenitsyne consacre la moitié de l'ouvrage à l'Espagne.	☐	☒
e. Beaucoup de gens pensent que les articles de Wikipédia sont écrits par des experts.	☒	☐
f. Les contrôles de Wikipédia ne sont pas fréquents et ne sont pas toujours rigoureux.	☒	☐
g. Dans l'encyclopédie Wikipédia, un article très sérieux et très documenté ne peut pas être controversé.	☐	☒

2. Trouvez un synonyme des mots en italique.

a. Les étudiants *ont achevé* leur scolarité sans trop de difficulté.

ont terminé..

b. Il n'est jamais *parvenu* à nous expliquer son choix.

réussi

c. Son attitude est *accablante*, il devrait changer de comportement.

désolante

d. Sa dissertation est *truffée* de fautes d'orthographe.

pleine de

e. Si mes amis me font des reproches ? Bien sûr ! Ils *s'y mettent* tous depuis deux semaines !

ils le font tous

f. Les propos du journaliste *ont déclenché* des questionnements pendant quelques semaines.

ont entraîné

3. Choisissez la bonne définition des expressions en italique puis reformulez la phrase en exprimant l'idée contraire.

a. Pour critiquer l'université, *il n'a pas peur des grands mots*.

☒ **1.** Parler de manière emphatique
☐ **2.** Oser parler en public
☐ **3.** Dire la vérité

b. *Il a tout mis sur le tapis* devant le professeur d'université.

☐ **1.** Commencer quelque chose
☒ **2.** Décider de tout raconter
☐ **3.** Être impoli

c. Cet article *prête à discussion.*

☐ **1.** Arrêter la discussion
☐ **2.** Être provocateur
☒ **3.** Susciter un débat

d. Je lui ai tout expliqué. Mais *en vain* !

☒ **1.** Sans succès
☐ **2.** Superficiellement
☐ **3.** Maladroitement

4. Complétez les phrases avec les mots proposés.

alarmant – des dégâts – exponentiel – la faillite – la propagande – le vandalisme

Lors des manifestations étudiantes, des vitrines de magasins ont été cassées et des voitures brûlées. Ces actes de ______ ont été dénoncés par les syndicats. Les ______ se sont élevés à plusieurs milliers d'euros.

Ces étudiants manifestaient contre les réductions budgétaires. Ils dénonçaient la ______ de l'université.

Certaines personnes affirment que ces délits sont en progression ______ depuis quelques années. Mais les chiffres montrent qu'il n'en est rien. Ces thèses ______, destinées à développer un sentiment d'insécurité, ne seraient que la ______ d'un parti extrémiste.

5. Barrez l'intrus.

a. clandestin – occulte – secret – alarmiste – caché.

b. révisionniste – chercheur – professeur – historien.

c. se fragmenter – se désagréger – se déliter – s'épanouir.

d. provoquer – déclencher – engendrer – freiner.

e. fumisterie – mystification – cataclysme – plaisanterie.

Travail avec les pages Ressources

Vocabulaire

• illettrisme (n.m.) ______	scorie (n.f.) ______	infructueux (adj.) ______
légitimité (n.f.) ______	toilettage (n.m.) ______	• être à l'œuvre (expr.) ______
maniement (n.m.) ______	• atterré (adj.) ______	outre (prép.) ______

C'est à savoir

Forme active et forme passive

■ La **forme active** est celle où le **sujet grammatical du verbe fait l'action.**

→ *Pierre Assouline a écrit cet article.*

■ Dans la **forme passive**, le sujet grammatical de la phrase ne fait pas l'action (il est passif).

→ *Cet article a été écrit par Pierre Assouline.*

La **forme passive** se construit avec l'auxiliaire *être* et le participe passé du verbe. Dans la transformation passive, le verbe *être* de la phrase passive est au même mode et au même temps que le verbe de la phrase active.

1. Transformez les phrases :

A. à la forme passive

a. Beaucoup de Français massacrent l'orthographe.

L'orthographe est massacrée par beaucoup de Français

b. La tentative de réforme en 1990 a mis en valeur la difficulté d'une simplification de l'orthographe.

a été mise en valeur par la tentative de reforme de 1990

c. Cet article décrit les difficultés d'une réforme de l'orthographe.

sont décrites dans cet article

d. On n'a pas pu supprimer l'accent circonflexe.

n'a pas pu être supprimé

B. à la voix active

e. Cet article de Wikipédia a été critiqué.

On a critiqué cet article

f. La notice biographique sur Soljenitsyne était entachée d'erreurs.

Des erreurs entaichaient la notice biographique sur Soljenitsyne

g. Cet article sera vérifié par des contrôleurs.

Des contrôleurs verifieront cet article

h. Si les particularités du français étaient gommées, on perdrait l'origine des mots.

Si l'on gommait les particularités du francais, on perdrait...

2. Complétez les phrases avec le verbe entre parenthèses. Choisissez la forme passive ou active en conjuguant le verbe au temps qui convient.

a. Nous espérons que la réforme de l'orthographe sera acceptée (*accepter*) prochainement par le gouvernement. Accord !!!

b. Cet article a été écrit (*écrire*) en 1990 dans le but d'informer les lecteurs d'une éventuelle simplification de la grammaire.

c. On a voulu supprimer (*vouloir supprimer*) l'accent circonflexe sous prétexte qu'il n'avait pas de valeur.

d. Le concours d'entrée à l'Institut de formation des maîtres fait (*faire*) une toute petite place à la grammaire.

3. Remettez les mots dans l'ordre pour obtenir une phrase à la voix passive, au temps demandé.

Exemple : approuver / la réforme / les grammairiens (passé composé) → *La réforme a été approuvée par les grammairiens.*

a. l'orthographe / ne pas maîtriser / les candidats (imparfait)

→ l'orthographe n'était pas matrisée par les candidats

b. peut-être / les lettres grecques / simplifier / l'Académie française (futur)

→ Les lettres grecques seront peut-être simplifiées par l'Académie...

c. la simplification de l'orthographe / Michèle Lenoble-Pinson / encourager (présent)

→ La simplification de l'orthographe est encouragée par Michèle...

d. nier / la logique des consonnes doubles / le grammairien (présent)

→ La logique des consonnes doubles est niée par le grammairien.

Pronoms et substituts lexicaux

Ils servent à éviter la répétition d'un même nom. Pour faire référence à un nom déjà cité, on peut utiliser :

- un **pronom personnel** (*il, elle, le, la, lui*, etc.) ;
- un **pronom démonstratif** (*celui-ci, celle-ci*, etc.)
- un **pronom possessif** (*le mien, les vôtres*, etc.) ;
- un **pronom indéfini** (*les autres, la majorité d'entre eux, quelques-uns*, etc.) ;
- un **autre nom** plus général ou plus spécifique (*les Français, les citoyens, la France*, etc.).

4. Relevez les mots qui servent à éviter des répétitions. Indiquez le mot ou la proposition à laquelle ils se réfèrent.

Beaucoup de linguistes pensent que l'orthographe du français est trop complexe, mais celle-ci n'est pas facile à réformer. Certains pensent par exemple qu'il faudrait éliminer les consonnes doubles. Ces lettres apparaissent dans des formations de mots qui ne s'expliquent pas toujours étymologiquement.

D'autres considèrent que les élèves passent trop de temps à apprendre l'accord du participe passé. Ils constatent qu'ils ne le maîtrisent pas toujours. Des spécialistes de la langue voient des avantages à ces particularités orthographiques. Elles aident à la compréhension de l'écrit.

5. Associez les phrases avec le mot qui convient.

a. Son opinion diffère totalement de la mienne.
b. Nous avons des opinions divergentes sur cette question.
c. Il a exposé des arguments identiques.
d. L'article prend le contre-pied du linguiste.
e. Son discours a confirmé ce que je pensais.
f. Son analyse contredit les idées de l'Académie française.

1. ressemblance
2. différence

6. 3 **Travaillez vos automatismes. Répondez aux questions avec un pronom ou un double pronom.**

Exemple : Vous avez lu le texte de la nouvelle réforme ? – *Oui, nous l'avons lue.*

a. Tu as vu tes copains de fac ?
b. Ils approuvent nos revendications ?
c. Tu leur as parlé de la manifestation ?
d. Tu leur as précisé la date ?
e. Vous avez demandé l'autorisation au préfet ?
f. Il vous a accordé cette autorisation ?

Travail avec les pages Simulations

Vocabulaire

• archer (n.m.) ______
chariot (n.m.) ______
coffre (n.m.) ______
commanderie (n.f.) ______
contentieux (n.m.) ______
couronne (n.f.) ______
croisade (n.f.) ______
crypte (n.f.) ______
hérésie (n.f.) ______
maille (n.f.) ______
mémoire (n.m.) ______
milice (n.f.) ______
ordre (religieux) (n.m.) ______
papauté (n.f.) ______
perquisition (n.f.) ______
sarcophage (n.m.) ______
transaction (n.f.) ______
• compromettant (adj.) ______
foncier (adj.) ______
lucratif (adj.) ______
• caler (v.) (*fam.*) ______
déceler (v.) ______
déployer (v.) ______
détecter (v.) ______
fouiner (v.) ______
fureter (v.) ______
s'emparer de (v.) ______
sécher (v.) (*fam.*) ______
• avoir trait à (expr.) ______
mettre la main sur (expr.) ______
si tant est que... (conj.) ______
sous l'impulsion de (prép.) ______

1. Relisez les trois textes page 19. Choisissez l'affirmation qui vous parait la plus exacte.

A. ☐ **1.** L'ordre du Temple a été actif pendant toute la période du Moyen Âge.
☒ **2.** Les membres de l'ordre, appelés les Templiers, ont protégé les pèlerins pendant les croisades.
☐ **3.** L'ordre des Templiers faisait partie de l'armée royale française durant les croisades.

B. ☒ **1.** Les « commanderies » étaient des monastères créés par l'ordre du Temple.
☐ **2.** Le château de Gisors fut l'une des commanderies de l'ordre des Templiers.
☐ **3.** L'ordre du Temple créa des monastères uniquement sur le territoire de France.

C. ☒ **1.** L'ordre du Temple fut supprimé au XIVe siècle.
☐ **2.** Le château de Gisors devint une prison à partir du XIVe siècle.
☐ **3.** Le mariage entre la fille du roi de France et le fils du roi d'Angleterre eut lieu au château de Gisors.

D. ☐ **1.** Lors de l'arrestation des Templiers, on trouva de nombreux documents mais aucun trésor.
☒ **2.** Le siège de l'ordre du Temple était à Paris.
☐ **3.** Toutes les archives du Temple furent conservées dans la chapelle du donjon de Gisors.

2. Complétez les phrases en choisissant parmi les mots suivants :

a. *enquêter – rechercher – déchiffrer*

Mon meilleur ami a commencé un travail de recherche en histoire. Son sujet concerne les habitudes alimentaires en France pendant le Moyen Âge. Il a dû déchiffrer des manuscrits en ancien français, enquêter dans les différentes régions de l'Hexagone pour rechercher toutes les informations nécessaires à son étude.

b. *bloquer – échouer – sécher*

S'il vous arrive de sécher sur un exercice, ne vous inquiétez pas, vous pouvez bloquer sur un problème sans pour autant échouer à l'examen. Surtout ne perdez pas de temps, passez à une autre question !

La BIP au Centre Pompidou

3. Relisez l'encadré « Le point sur... » page 21 du livre de l'élève.

A. Répondez aux questions.

a. De quoi parle cet encadré ? ______

b. Quels sont les types de bibliothèques présentés dans cet encadré ?

______

______

c. Que trouve-t-on dans les bibliothèques ?

______

B. Complétez le tableau.

	BIP	BNF
Date de création ?		
Où ?		
Types d'ouvrages ?		
Conditions d'accès ?		
Particularités du bâtiment ?		
Animations ?		

4. 4 **Écoutez le document sonore et répondez aux questions.**

Aide à l'écoute :

- **Les imprimés** comprennent les livres, les revues, les bandes dessinées, les partitions musicales et les cartes géographiques.

a. Où Pierre travaille-t-il ?

______

b. Quand la médiathèque a-t-elle ouvert ses portes ?

______

c. Quels types d'ouvrages y trouve-t-on ?

______

______

d. Combien de livres, de journaux et de revues peut-on consulter ?

______

______

e. Combien de jours pouvons-nous emprunter des livres ?

______

______

f. Quelle somme devons-nous payer pour tout retard ? ______

______

g. Qu'est ce que la ludothèque ?

______

______

h. Quand est-ce que la « foire aux jouets » va avoir lieu ?

______

5. « L'Unesco lance sa Bibliothèque numérique mondiale ».

A. Lisez le texte et dites si les affirmations sont vraies ou fausses. Justifiez avec une phrase du texte.

	Vrai	Faux
a. La Bibliothèque numérique de l'Unesco a été initialement proposée par James H. Billington.	☒	☐
b. L'accès à cette bibliothèque numérique est payant.	☐	☒
c. Le siège de l'Organisation des Nations unies pour l'éducation et la culture se trouve à Paris.	☒	☐
d. Les fonctions de recherche et de navigation, ainsi que tous les contenus de la BNM sont accessibles en sept langues.	☐	☒
e. Le projet de cette Bibliothèque numérique regroupe 33 institutions.	☒	☐
B. Quels sont les objectifs et les valeurs que ce projet met en avant ?	☐	☐

L'Unesco
lance sa Bibliothèque numérique mondiale

Lemonde.fr avec AFP/21.04.09/8h59

L'Unesco lance officiellement, mardi 21 avril, la Bibliothèque numérique mondiale (BNM, World Digital Library). L'inauguration se fera au siège parisien de l'organisation, en présence du directeur général de l'Unesco, le Japonais Koichiro Matsuura, et de James H. Billington, directeur de la Bibliothèque du Congrès américain, à l'origine du projet. La BNM rejoint les deux grandes bibliothèques en ligne, Google Book Search et Europeana, qui permettent déjà aux lecteurs de consulter des millions de livres sur le Net. Elle vise à permettre au plus grand nombre d'accéder gratuitement, via Internet, aux trésors des grandes bibliothèques internationales et à développer le multilinguisme.

L'organisation des Nations unies pour l'éducation et la culture a toujours considéré les bibliothèques comme la continuation de l'école. « *L'école prépare les gens à aller à la bibliothèque et, aujourd'hui, les bibliothèques deviennent numériques* », résume le Tunisien Abdelaziz Abid, coordonnateur du projet, qui réunit l'Unesco et trente-deux institutions partenaires. Avec ce dispositif, il sera possible de consulter sur le site de la BNM des documents conservés dans les plus prestigieuses bibliothèques, d'où que l'on se trouve dans le monde. La nouvelle bibliothèque est notamment destinée à fournir du matériel aux élèves et aux éducateurs, mais aussi au grand public.

En 2005, la Bibliothèque du Congrès a en effet proposé la mise en place d'une BNM, pour offrir gratuitement un large éventail de livres, manuscrits, cartes, films, enregistrements…, tirés des bibliothèques nationales. Avec la BNM, l'Unesco entend promouvoir les valeurs qu'elle défend, comme la diversité linguistique et la compréhension entre les cultures, mais aussi réduire la « *fracture numérique* » entre les peuples.

La nouvelle bibliothèque offre des fonctions de recherche et de navigation en sept langues (anglais, arabe, chinois, espagnol, français, portugais et russe) et propose des contenus dans de nombreuses autres langues. Le projet a été développé par une équipe de la Bibliothèque du Congrès, avec une aide technique de la Bibliothèque d'Alexandrie, l'Unesco mobilisant ses membres pour fournir des contenus tirés du patrimoine culturel.

Unité 1

Leçon 3

Ça se discute

7 mars

Vous allez apprendre à :

- ☑ comprendre des textes sur l'apprentissage
- ☑ raisonner par hypothèses
- ☑ parler de psychologie

Travail avec les pages Interactions

Vocabulaire

• avatar (n.m.) ....

confesseur (n.m.) ....

immersion (n.f.) ....

neurone (n.m.) ....

potentiel (n.m.) ....

précurseur (n.m.) ....

pupitre (n.m.) ....

• cartonner (v.) (*fam.*) ....

doper (v.) ....

envier (v.) ....

immerger (v) ....

s'adonner à (v.) ....

s'affranchir (v.) ....

• alias (adv.) ....

coiffer au poteau (expr.) ....

d'antan (expr. adv.) ....

manger sur le pouce (expr.) ....

prendre le relais de (expr.) ....

se creuser les méninges (expr.) ....

1. Relisez les textes pages 22 et 23 du livre de l'élève et répondez aux questions.

Texte « e-learning »

a. Quels sont les différents cours virtuels présentés dans le texte ?

Languagelab.com / Avatar English et bientôt Langues au Chat

b. Quel site Internet a proposé en premier des cours en ligne ? De quand date-t-il ?

Languagelab.com / 1 an et demi

Texte « Jamais sans mon coach »

c. À qui le journaliste compare-t-il les coachs ? Qui remplacent-ils ?

a les psys et des confesseurs

d. Dans quels domaines les coachs peuvent-ils intervenir selon l'article ?

dans tous les domaines : profession, malade, cuisine, maison, etc.

e. Pourquoi la sœur de Johanna lui a-t-elle proposé un coach ?

Pour organiser la cuisine y apprener à récevoir chez elle dans un dîner avec sympas.

Texte « Doper son cerveau »

f. Quels domaines le jeu Cerebral Challenge aborde-t-il et permet-il de travailler ?

les maths, la logique, la memoire, le visuel et l'attention

g. Quels sont les jeux bon marché que nous pouvons utiliser pour faire travailler notre cerveau ?

....

2. Choisissez la définition la plus exacte à partir des phrases du texte proposées.

A. *Vous voulez vous plonger dans l'anglais et l'espagnol.*

☐ **1.** Vous voulez apprendre de manière approfondie l'anglais et l'espagnol.

☐ **2.** Vous voulez réviser vos connaissances en anglais et en espagnol.

B. *Avatar English a prévu d'étendre son enseignement « à des langues minoritaires ».*

☐ **1.** Avatar English a prévu de se spécialiser dans les langues minoritaires.

☐ **2.** Avatar English a prévu de développer son enseignement aux langues minoritaires.

C. *Pour réussir notre existence, nous avons désormais les coachs.*

☐ **1.** Pour réussir notre existence, nous avons depuis toujours fait appel aux coachs.

☐ **2.** Pour réussir notre existence, nous avons maintenant les coachs.

D. *Johanna n'a jamais touché une casserole.*

☐ **1.** Johanna n'est pas habituée à faire la cuisine.

☐ **2.** Johanna ne sait pas s'organiser dans sa maison.

E. *J'apprends à toujours avoir tout sous la main.*

☐ **1.** J'apprends à avoir tous les éléments qu'il faut.

☐ **2.** J'apprends un savoir-faire.

3. Anagrammes. Retrouvez les mots de la liste du vocabulaire nouveau à partir des lettres suivantes et de la définition.

a. autrement appelé : l – a – i – s – a → ……………

b. initiateur : u – e – p – é – r – r – c – s – u – r → ……………

c. se libérer de quelque chose : a – f – ' – s – a – f – r – i – r – c – h – n → ……………

d. avoir un grand succès : t – c – o – a – n – r – n – r – e → ……………

e. pratiquer quelque chose de manière régulière : d – a – s – o – ' – n – r – e – n → ……………

4. Charades.

a. Mon premier est ce qui recouvre le corps.
Mon second désigne le climat.
Mon troisième est l'opposé de la terre.
Mon tout est la capacité de réaliser quelque chose : ……………

b. Mon premier est la première lettre de l'alphabet.
Mon second est la troisième personne du singulier du verbe *aller*.
Mon troisième est le contraire de *tôt*.
Mon tout désigne un « double »: ……………

c. Mon premier fait le bonheur des dentistes.
Mon second est un synonyme de *tellement*.
Mon tout veut dire « il y a longtemps » : ……………

d. Mon premier est la 14e lettre de l'alphabet.
Mon second est la monnaie européenne.
Mon troisième est un morceau de négation.
Mon tout est dans le cerveau : ……………

Travail avec les pages Ressources

Vocabulaire

- magnétophone (n.m.) ……………
- suicidaire (adj.) ……………
- persister (v.) ……………
- affecté (adj.) ……………
- pénaliser (v.) ……………

C'est à savoir

Participe présent et gérondif

■ La **proposition participe** présent est l'équivalent d'une proposition relative :
- au présent (à partir de la 1re personne du pluriel du présent) : *faire* → *faisant*
→ *C'est une loi* ***pénalisant*** *le téléchargement illégal.*
- au passé : *ayant* ou *étant* + participe passé
→ *Les députés* ***ayant proposé*** *la loi appartiennent à différents partis politiques.*

■ Le **gérondif** (*en* + participe présent) indique une circonstance.
→ ***En votant*** *une loi sur le téléchargement illégal, les députés vont mécontenter de nombreux internautes.*

1. Combinez les deux phrases en utilisant une construction au gérondif. Faites les transformations nécessaires.

a. Nous discuterons du téléchargement. Pour cela, nous ferons participer tous les acteurs.

b. Allons-nous autoriser le téléchargement illégal ? La vente des CD risquerait de diminuer fortement.

c. Il télécharge souvent des films. Il risque une amende.

d. Les artistes peuvent utiliser Internet. Ils se font ainsi connaître du public.

2. Remplacez les propositions relatives par une phrase au participe présent.

Exemple : L'Assemblée nationale a voté une loi **qui pénalise les irréductibles du téléchargement illégal.**
→ *L'Assemblée nationale a voté une loi* ***pénalisant les irréductibles du téléchargement illégal****.*

a. Certaines personnes qui ont téléchargé de nombreux films ont été sanctionnées.

b. Le téléchargement est un débat qui divise les députés.

c. Ce phénomène qui provoque une panique dans les maisons de disques devra être discuté à l'Assemblée.

d. Cette loi qui n'a pas fait l'unanimité a opposé beaucoup de députés mercredi dernier.

e. Internet qui est un espace de liberté ne peut être interdit au public.

C'est à savoir

Raisonner par hypothèses

■ Avec *si* :

- *si* + présent → présent ou futur (éventualité)
→ *Si la loi passe, le téléchargement de films sera interdit.*
- *si* + imparfait → conditionnel présent
→ *Si la loi passait, le téléchargement de films serait interdit.*
- *si* + plus-que-parfait → conditionnel passé
→ *Si la loi était passée, tu aurais reçu une amende.*

■ ***Si jamais*** *(par hasard, par bonheur, par malheur) la loi passe... passait... était passée...*

■ **Autres formes de raisonnement**

→ *En supposant que (en admettant que, en imaginant que)... Supposons que la loi soit votée* (+ subjonctif), ***je ne pourrais plus télécharger****.*

→ *Dans le cas où, au cas où, dans l'hypothèse où la loi passerait* (+ conditionnel), ***je ne téléchargerais plus****.*

3. Reformulez ces raisonnements par hypothèses en utilisant la forme entre parenthèses.

Exemple : Nous aurons peut-être la liberté de tout télécharger gratuitement. Les CD ne se vendront plus. **(si jamais)**

→ *Si jamais nous avions la liberté de tout télécharger, les CD ne se vendraient plus.*

a. Les œuvres musicales se retrouveront peut-être en libre accès sur Internet. Les maisons de disques feront faillite. **(Supposons que)**

....

b. La numérisation de la presse va peut-être se poursuivre. Les quotidiens sur papier vont perdre des lecteurs. **(si)**

....

c. Les artistes seront peut-être démotivés. La qualité des œuvres en sera alors affectée. **(dans le cas où)**

....

d. Les artistes vendront peut-être moins de CD. Mais ils font davantage de concerts. **(si jamais)**

....

e. Une taxe supplémentaire sur l'abonnement à Internet sera peut-être proposée. L'argent pourra alors être redistribué aux artistes. **(Dans l'hypothèse où)**

....

4. Complétez les phrases avec les verbes entre parenthèses pour former des propositions hypothétiques.

a. Si Balzac .... *(ne pas écrire)* des feuilletons dans la presse, il .... *(ne pas pouvoir)* publier de romans.

b. Si les ventes .... *(chuter)* de 30 % en dix ans, les distributeurs .... *(s'inquiéter)*.

c. Si les gens .... *(lire)* seulement sur Internet, les maisons d'édition .... *(ne plus exister)*.

d. Si les députés .... *(voter)* la loi sur le téléchargement illégal, il .... *(ne plus être)* possible de télécharger gratuitement.

e. Si tous les artistes .... *(utiliser)* Internet comme moyen de promotion, la vente de CD .... *(pouvoir)* augmenter.

5. Voici l'introduction d'un débat. Remettez les phrases dans le bon ordre.

Faut-il légiférer Internet ?

... **A** – Cette interface est encore méconnue dans certains domaines et donc elle n'est pas encore maîtrisable. En effet, le monde entier peut l'utiliser et l'internaute a accès à tous les sites existants.

... **B** – L'usage d'Internet ne date pas depuis longtemps, c'est un phénomène assez récent dans l'histoire de la communication.

... **C** – Enfin, nous apporterons des solutions possibles pour concilier citoyenneté et liberté au travers de l'univers d'Internet.

... **D** – Mais pouvons-nous comparer Internet avec un livre ou n'importe quel autre média ? N'est-ce pas la particularité d'Internet d'être totalement libre et sans aucune censure ? Une vraie liberté d'expression entre les citoyens du monde entier ?

... **E** – Le débat est lancé. Nous montrerons en premier lieu la nécessité d'une certaine législation au regard d'Internet en apportant des exemples précis.

... **F** – Pourtant la question de légiférer se pose. Tout mode de communication a ses limites et un certain contrôle s'impose. Certains sites peuvent être dangereux ou illégaux vis-à-vis des droits de l'homme.

... **G** – Puis nous essaierons de développer l'idée que ce média est justement au-delà des règles et qu'il ne peut être soumis aux lois.

6. 5 **Travaillez vos automatismes. Réflexions entre les dirigeants d'une entreprise. Confirmez comme dans l'exemple.**

Exemple : Vous n'avez pas acheté de nouvelle machine. La production n'a pas augmenté.

→ *Si vous aviez acheté une nouvelle machine, la production aurait augmenté.*

a. Tu ne t'es pas inscrit à un cours d'anglais en ligne. Tu n'as pas fait de progrès.

b. Tu n'as pas pris de coach. Tu n'as pas été performant.

c. Nous ne nous sommes pas associés à ERMER. Nous ne sommes pas assez forts.

d. Nous n'avons pas engagé Nathalie Ferrand. Elle est allée à la concurrence.

e. Les ouvriers ont fait une semaine de grève. Nous n'avons pas équilibré notre budget.

Travail avec les pages Simulations

Vocabulaire

- agilité (n.f.)
ânerie (n.f.)
antithèse (n.f.)
basculement (n.m.)
berceau (n.m.)
bosse (n.f.)
contrainte (n.f.)
cortex (n.m.)
directive (n.f.)
disposition (n.f.)
major (de promotion universitaire) (n.m.)
métaphysique (n.f.)
orphelin (n.m.)
palpation (n.f.)
penchant (n.m.)
phrénologie (n.f.)
pintade (n.f.)
prévoyance (n.f.)
prodige (n.m.)
protubérance (n.f.)
racine carrée/cubique (n.f.)
scalpel (n.m.)
sottise (n.f.)
talent (n.m.)
thèse (n.f.)
traumatisme (n.m.)
- abruti (adj.)
ahurissant (adj.)
archifaux (adj.)
brouillon (adj.)
cryptique (adj.)
débile (adj.)
demeuré (adj.) (*fam.*)
hors du commun (adj.)
inapte (adj.)
inné (adj.)
insoluble (adj.)
machinal (adj.)
marginal (adj.)
pariétal (adj.)
proéminant (adj.)
rudimentaire (adj.)
taré (adj.) (*fam.*)
- contraindre (v.)
décortiquer (v.)
disséquer (v.)
gloser (v.)
préconiser (v.)
s'en sortir (v.)
- aller comme un gant (expr.)
forcément (adv.)
le commun des mortels (expr.)
longitudinalement (adv.)
respectivement (adv.)
tout un chacun (expr.)

1. Relisez le texte page 26 du livre de l'élève. Dites si les phrases sont vraies ou fausses. Justifiez en citant le passage du texte.

	Vrai	Faux
a. L'expression « la bosse des maths » date du XIXe siècle.	☐	☐
b. La phrénologie est la science qui permet de reconnaître si un enfant a des capacités en mathématiques.	☐	☐
c. La phrénologie est un thème que l'on retrouve dans les romans de Balzac.	☐	☐
d. Le fondateur de la phrénologie, Franz Josef Gall, s'était installé à Paris.	☐	☐

	Vrai	Faux
e. La théorie de F. J. Gall est remise en cause aujourd'hui.	☐	☐
f. Les dernières observations en imagerie médicale montrent qu'il y a plusieurs zones du cerveau qui sont stimulées quand le cerveau est concentré sur un problème mathématique.	☐	☐
g. Le prodige utilise des zones du cerveau différentes de celles des autres personnes.	☐	☐

2. Relisez « Paroles de surdoués », page 28. Associez les phrases qui correspondent à la bonne personne.

a. Ses capacités ne sont pas arrivées précocement.

b. Il avait des personnes de sa famille déjà surdouées.

c. Il n'a pas de dons particuliers.

d. Ses capacités de mémoire sont très bonnes.

e. J'ai parlé des langues étrangères très tôt.

f. Je suis sorti premier d'une grande école.

1. Jacques Attali

2. Igor Bogdanov

3. Complétez les bulles avec les mots suivants, selon qu'ils expriment la capacité ou la difficulté intellectuelle.

un prodige – une ânerie – la sottise – la capacité – l'imbécillité – être doué – abruti – surdoué – demeuré – inapte – intelligent – bête – idiot – précoce

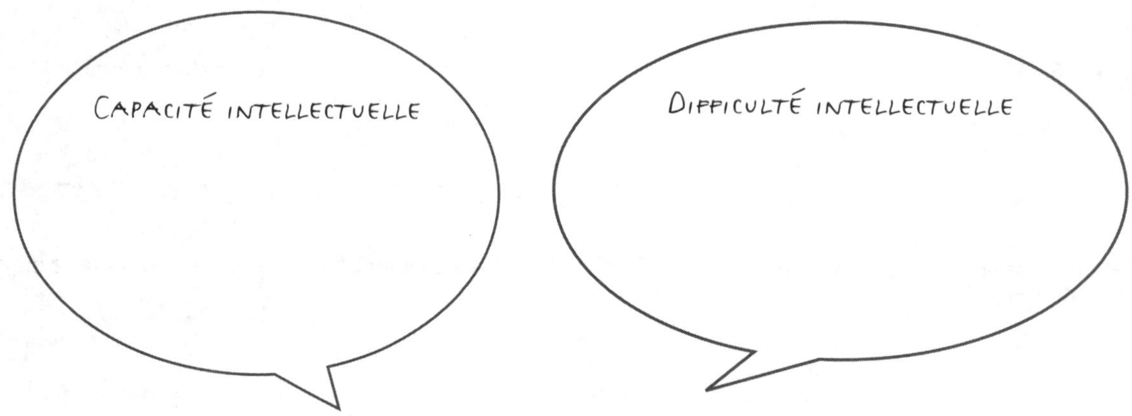

4. Barrez le(s) mot(s) qui sont en trop.

Exemple : Il est compétent ~~et incapable~~ en mécanique, tu peux lui demander.

a. Cet étudiant est un virtuose. Il est très doué et inapte, il deviendra un grand pianiste.

b. Comment le décrire ? Je dirais qu'il est stupide, imbécile, bête. Il est réfléchi et ne dit que des sottises !

c Cette robe te va comme un gant, tu ne devrais pas l'acheter.

d. Votre idée est vraiment hors du commun alors que la sienne est originale, banale et brouillonne.

e. Votre analyse est inexacte, fabuleuse, ahurissante même, et archifausse.

f. Il a pris sa décision, sur un coup de tête, après avoir pesé le pour et le contre.

5. Relisez « Le point sur... », page 29. Répondez aux questions.

a. Que signifie l'« esprit cartésien » ? D'où vient cette expression ?

b. Qui était Descartes ?

c. Quelles hypothèses l'auteur avance-t-il pour expliquer l'esprit cartésien des Français ?

d. Quels sont les quatre exemples que l'auteur développe pour justifier son argument ?

1.

2.

3.

4.

e. Comment la notation des élèves se faisait-elle en France dans les années 1970 ?

f. Pourquoi les Français préfèrent-ils la notation avec des chiffres ?

6. 6 **Écoutez le document sonore et dites si les affirmations sont vraies ou fausses. Justifiez.**

Aide à l'écoute :
- **bachotage** : (*fam.*) travail intensif, parfois sans approfondissement, pour se préparer à un examen ou à un concours.

	Vrai	Faux
a. La personne qui parle est un enseignant français.	☐	☐
b. L'égalité des chances est selon l'enseignant une revendication française.	☐	☐
c. Il pense qu'il existe un certain élitisme en France.	☐	☐
d. Le choix des langues n'est pas un critère sélectif.	☐	☐
e. Les mathématiques sont un moyen de sélectionner les meilleurs élèves et peuvent aider à entrer dans une grande école.	☐	☐
f. Les élèves des grandes écoles ont la chance de développer leurs aptitudes personnelles.	☐	☐
g. Selon la personne interviewée, il y a un déséquilibre entre les grandes écoles et l'université.	☐	☐

7. « Jeune ou vieux, on a toujours l'âge pour apprendre ». Lisez le texte et répondez aux questions.

FORMATION

Jeune ou vieux, on a toujours l'âge pour apprendre

Se mettre au piano ou à l'informatique… Les adultes hésitent souvent à se lancer dans l'acquisition d'un nouveau savoir. Pourtant le cerveau peut toujours emmagasiner et c'est à l'âge mûr que l'on sait donner du sens à ce que l'on apprend.

Soumis au diktat de ses émotions et de ses représentations, l'adulte hésite à se lancer dans l'inconnu. « *Il existe trois niveaux dans l'apprentissage, précise le physiologiste André Giordan. Le cognitif, ce que je comprends ; le soubassement émotionnel, ce que je ressens ; et la dimension dite métacognitive, c'est-à-dire la façon dont je me représente ce que j'apprends.* » Les adultes ont du mal à se lancer dans de nouvelles initiations, parce qu'ils intellectualisent leur démarche en se disant que « *les mathématiques, c'est compliqué* », que « *le ski, c'est dangereux* ». Première étape, donc : dédramatiser. Il s'agit d'abord d'apprendre à se détendre physiquement, à réfléchir sur la situation et le sens du danger pour lâcher prise. Une fois surmontées la peur et l'appréhension, l'adulte n'a pas, contrairement aux idées reçues, de plus grandes difficultés de compréhension. « *L'idée qui prévaut, même si on ne l'explique pas très bien, c'est que la mémoire cognitive ne s'altère pas* », assure Michel Isingrini, spécialiste du vieillissement de la cognition adulte. La mémoire ne sature pas, il est toujours possible d'apprendre quelque chose de plus. « *Ce n'est pas comme une bibliothèque avec des tiroirs, mais exactement l'inverse, c'est un réseau* », complète André Giordan. Autrement dit, plus vous mémorisez, plus vous pouvez mémoriser ! Voilà qui est rassurant. De plus, une information stockée dans le cerveau ne subit aucune dégradation particulière avec l'âge. En revanche, la courbe de l'oubli est la même pour tout le monde.

Mieux, les adultes ont un avantage sur les plus jeunes lorsqu'ils se lancent dans l'acquisition d'un nouveau savoir : « *Le cerveau s'améliore du point de vue de la mise en relation des connaissances, et le champ d'expérience, plus vaste, permet de mettre les choses en perspective*, précise Bernard Croisile, neurologue et auteur de « Votre mémoire » (Larousse, 2004). *Le jugement et le raisonnement sont plus affûtés, même si on est parfois plus lent à les mettre en œuvre.* » C'est la sagesse qui vient et augmente avec l'âge… « *L'adulte apprend plus intelligemment, car il utilise ce qu'il sait déjà* », confirme André Giordan. Ceux qui reprennent des études en cours de carrière sont ainsi bien plus efficaces que les étudiants fraîchement sortis du lycée.

Toute la différence tient en un mot : motivation. Les adultes savent donner du sens à ce qu'ils font, là où les enfants apprennent sans se poser de questions. La contrepartie, c'est que l'adulte n'acquiert pas les bases de manière aussi profonde qu'un enfant. Aucune chance de devenir un virtuose à 40 ans. Ou de devenir bilingue à 50. Car la maîtrise d'un instrument ou d'une langue demande environ dix ans de travail intensif et de pratique. Seuls les enfants, les ados ou, à la limite, les jeunes adultes ont la capacité, le temps et l'énergie nécessaires.

Mais les vrais enjeux de l'apprentissage à l'âge adulte sont ailleurs : que gagne-t-on à apprendre une fois sorti de l'enfance et de l'adolescence ?

Les mots qui reviennent sont toujours les mêmes : la confiance en soi, la liberté et, par-dessus tout, le plaisir pur. Car apprendre, conclut André Giordan, « *ce n'est pas juste accumuler, ni faire du par cœur. C'est transformer sa pensée, apporter des réponses à des questions que l'on se pose.* » Et il y a toutes les chances que ce soit là le privilège… des adultes.

Juliette Serfati
Midi Libre, 09/10/2006.

a. Quels sont les différents stades de l'apprentissage expliqués par M. Giordan?

b. Pourquoi les adultes ont-ils des difficultés à reprendre des études en général ?

c. Quels conseils le journaliste donne-t-il pour rassurer ces adultes qui veulent refaire des études ?

d. Quelle définition M. Giordan donne-t-il de l'apprentissage ?

e. Quels sont les avantages et les inconvénients d'apprendre à l'âge adulte ou durant l'enfance et l'adolescence ? Complétez le tableau en relevant tous les éléments du texte qui s'y réfèrent.

	Enfance, adolescence	Âge adulte
Avantages		
Inconvénients		

Leçon 4

Un commentaire ?

Vous allez apprendre à :

☑ juger de la vérité d'un fait
☑ émettre un jugement moral
☑ faire un récit au passé

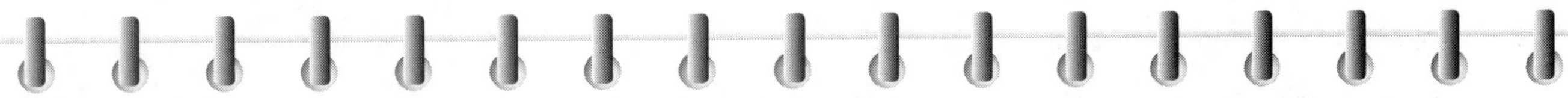

Vocabulaire

• astéroïde (n.m.) ______
hymne (n.m.) ______
moine (n.m.) ______
prévention (n.f.) ______
• courtiser (v.) ______
craquer (v.) (*fam.*) (accepter) ______
évacuer (v.) ______
frôler (v.) ______
huer (v.) ______
surgir (v.) ______
• avoir la charge de (expr.) ______
de plein fouet (expr.) ______
il l'a échappé belle (expr.) ______
jeter l'opprobre sur (expr.) ______

1. Relisez le dossier de presse pages 30-31 du livre de l'élève. Dans les affirmations suivantes, barrez ce qui est faux ou non vérifié. Faites les rectifications nécessaires.

a. Roselyne Bachelot, ministre de la Santé, de la Jeunesse et des Sports, a été choquée par le fait que l'hymne national a été sifflé lors d'un match de football. En sortant du stade de France, elle a déclaré que la prochaine fois qu'il y aurait un tel événement, le match serait suspendu.

b. Fadela Amara pense qu'une grande partie des jeunes issus de l'immigration respectent les valeurs de la République française.

c. Henry Quinson a fêté ses 28 ans en 1989 et a décidé la même année de changer de vie.

d. Tout l'argent que M. Quinson a gagné pendant ses années de trader, il l'a reversé à un ordre monastique, la communauté trappiste, qui travaille notamment avec les habitants du quartier Nord de Marseille.

e. Un astéroïde a frôlé la Terre le 27 février mais ce n'est que le 2 mars que les astronomes ont pu calculer à quelle distance de la Terre il était passé, soit 64 000 kilomètres.

f. L'astéroïde en question n'a pas encore été nommé, on lui a attribué pour le moment l'appellation suivante : « 2009DD45 ».

g. Guennadi Zaleski, millionnaire et comédien ukrainien très connu, a profité d'une représentation théâtrale pour demander en mariage sa fiancée Victoria.

h. Ayant appris que sa fiancée irait au théâtre avec ses copines, Guennadi Zaleski a donné de l'argent à ce théâtre pour qu'il puisse participer à la représentation.

____

2. Complétez les phrases avec les mots de la liste.

huer – évacuer – se pencher sur – craquer – frôler

a. Les ventes ayant considérablement baissé, l'usine a ______________ la catastrophe.

b. La direction n'a pas pu tenir sa promesse d'augmenter les salaires. Elle a été ______________ par les ouvriers réunis en assemblée générale.

c. Face à ce mécontentement, le directeur commercial a ______________ et a donné sa démission.

d. Dans cette affaire, il y a 300 emplois à sauver. C'est un problème grave qu'on ne peut pas ______________.

e. Le préfet va ______________ sur cette situation.

3. Trouvez des mots de la même famille.

a. scandaleux ______________ ______________

b. respect ______________ ______________

c. permettre ______________ ______________

d. comparer ______________ ______________

e. mariage ______________ ______________

4. À quelle rubrique ces titres de journaux pourraient-ils appartenir ? Supprimer les rubriques inutiles.

a. « Un cortège de plusieurs centaines de manifestants a défilé afin de lutter contre l'industrie de la fourrure » : Société – Politique – Sciences – Économie

b. « 18 mois de prison pour avoir roulé à plus de 180 km/h en ville » : Société – Politique – Sciences – Économie

c. « Les États membres de l'Union européenne se réunissent à Bruxelles pour discuter de la taxe sur les importations de produits provenant de Chine » : Société – Politique – Sciences – Économie

d. « Le Nobel de médecine a été attribué à un spécialiste du vieillissement » : Société – Politique – Sciences – Économie

e. « Le Premier ministre annonce une baisse d'impôts dès l'année prochaine » : Société – Politique – Sciences – Économie

f. « Le gouvernement vient de publier une carte du monde interactive qui montre les changements climatiques prévus pour les prochaines années » : Société – Politique – Sciences – Économie

Travail avec les pages Ressources

Vocabulaire

• banderole (n.f.) ______________ mousse (n.f) ______________ • s'évaporer (v.) ______________

logo (n.m.) ______________ parachute (n.m.) ______________

C'est à savoir

Les temps du récit au passé

■ **Le passé composé** : pour les actions qui se succèdent, pour les événements ponctuels et pour les informations principales que l'on veut mettre en valeur.
→ *La publicité est née il y a des siècles. Elle est apparue dès l'Antiquité.*

■ **L'imparfait** : pour la description, l'état et les actions habituelles et répétitives dans le passé.
→ *La publicité se présentait sous forme de petites pages imprimées qu'on distribuait dans la rue.*

■ **Le plus-que-parfait** : pour les actions qui se sont produites avant les actions principales.
→ *La publicité n'avait pas eu un si grand essor avant l'invention de l'imprimerie.*

1. Choisissez la forme verbale qui convient.

a. Quand je suis allé en Égypte, je (*voyais / ai vu / avais vu*) les pyramides de Gizeh.

Malheureusement, des montgolfières (*ont flotté / flottaient / avaient flotté*) au-dessus de nous.

Ces montgolfières (*ont représenté / représentaient / avaient représenté*) une marque célèbre de boisson gazeuse.

b. L'année dernière, nous (*avons lancé / lancions / avions lancé*) un nouveau produit sur le marché.

L'année précédente, nous (*avons pris / prenions / avions pris*) contact avec une excellente agence de publicité qui (*réalisait / a réalisé / avait réalisé*) cette année un spot publicitaire et (*savait / a su / avait su*) également créer une superbe affiche pour notre produit.

c. Récemment, nous (*avons revu / avions revu / revoyions*) le couple de Français que nous (*rencontrions / avons rencontré / avions rencontré*) lors de notre voyage aux États-Unis.

d. J(e) (*suis allé(e) / allais / étais allé(e)*) avec mes enfants à Eurodisney.

Ils (*avaient joué / jouaient / ont joué*) tranquillement dans le parc quand soudain (*était apparu / est apparu / apparaissait*) un nuage en forme de Mickey.

Je (*pensais / avais pensé / ai pensé*) rêver mais j'ai très vite compris que ces nuages (*ont été / étaient / avaient été*) des flogos.

2. Mettez les verbes entre parenthèses au temps qui convient.

La publicité n'est pas uniquement un mode de communication contemporain. Au Moyen Âge, des crieurs publics ______ (*diffuser*) auprès du peuple des annonces commerciales. À partir du XVe siècle et avec la naissance de l'imprimerie, la page imprimée ______ (*devenir*) accessible à tous. Des affiches ______ (*recouvrir*) les murs des villes et parfois on ______ (*distribuer*) directement dans la rue des petites pages imprimées. Les publicités pour le dentifrice par exemple ne datent pas uniquement du XXe siècle puisque déjà au XVIIe un périodique anglais, le *London Gazette*, en ______ (*publier*) une. Mais c'est surtout au XIXe siècle que la publicité ______ (*connaître*) un développement important, avec les voyages en chemins de fer et l'apparition des grands magasins.

3. **Récit au passé. Rédigez au passé les notes du journal de voyage en Australie de Floriane. Choisissez le moment surligné comme moment de référence.**

3 MARS

Matin : visite de la grande barrière de corail – plongée – fonds sous-marins magnifiques

Après-midi : repos sur la plage

Soir : dîner au restaurant – promenade sur la plage – nuit douce et étoilée

étrange lueur dans le ciel apparue – aperçu un objet lumineux immobile plus gros que les étoiles impression étrange – et si c'était une météorite ?

Le 3 mars au matin, nous avions visité ______

4. **Relisez l'encadré page 33. Placez les phrases dans le tableau, selon qu'elles expriment une démonstration, une interrogation ou une révélation.**

a. La déclaration de la ministre des Sports a suscité de nombreuses réflexions.

b. Le comportement des supporters de football est symptomatique d'un malaise de la société.

c. L'attitude de ces jeunes met en lumière des questions plus profondes sur notre système éducatif.

d. Les réactions des politiciens prouvent qu'ils sont démunis face à ce phénomène de société.

e. La réaction du président de la FFF est le signe d'une volonté de réunir les citoyens à travers le sport.

f. Le comportement des supporters durant le match de football mérite qu'on s'interroge.

Explication – Démonstration	Interrogation	Révélation

5. 7 **Travaillez vos automatismes.**

Exemple : Pourquoi n'as-tu pas écrit à Valérie ce matin ?

→ *Parce que je lui avais déjà écrit.*

a. Samedi, pourquoi n'as-tu pas déjeuné avec nous ?

b. Pourquoi n'es-tu pas venu voir le film avec nous ?

c. Pourquoi n'es-tu pas allé à l'exposition Picasso avec nous ?

d. Pourquoi n'as-tu pas téléphoné à Véronique hier ?

e. Pourquoi n'as-tu pas prêté tes cours à Virginie ?

f. Pourquoi n'as-tu pas prêté un peu d'argent à Luc ?

7 mars

Travail avec les pages Projet

Vocabulaire

• ampoule (n.f.) ....
arène (n.f.) ....
black-out (n.m.) ....
ecclésiastique (n.m.) ....
fanfare (n.f.) ....
mécénat (n.m.) ....
ovation (n.f.) ....
parti pris (n.m.) ....
patriote (n.m./f.) ....
prestation (n.f.) ....
protocole (n.m.) ....
taurillon (n.m.) ....
vachette (n.f.) ....
• crédible (adj.) ....
éberlué (adj.) ....
équitable (adj.) ....
erroné (adj.) ....
honorifique (adj.) ....
impartial (adj.) ....
récurrent (adj.) ....
superflu (adj.) ....
véridique (adj.) ....
• amplifier (v.) ....
cambrer (se) (v.)
décerner (v.) ....
endiguer (v.) ....
falsifier (v.) ....
narguer (v.) ....
relativiser (v.) ....
résonner (v.) ....
rétorquer (v.) ....
truquer (v.) ....
• agiter le chiffon rouge (expr.) ....
de haut vol (expr.) ....
prendre du recul (expr.) ....

1. Relisez le texte page 34 du livre de l'élève.

A. Choisissez l'explication la plus exacte.

a. ☐ **1.** Le fait d'éteindre les lumières le 28 mars aura une influence sur les décisions prises lors des négociations de Copenhague en décembre 2009.
☒ **2.** Éteindre les lumières le 28 mars permettra de lancer un signal aux dirigeants qui devront négocier un nouvel accord à Copenhague en décembre 2009.
☐ **3.** Les dirigeants qui ont signé le protocole de Kyoto ont incité la population à éteindre les lumières le 28 mars pendant une heure.

b. ☐ **1.** Le 28 mars, il est conseillé de couper toute électricité, excepté les éclairages des rues et les feux de circulation.
☒ **2.** Le 28 mars, il n'est pas nécessaire de couper toute l'électricité car il s'agit d'un acte symbolique avant tout.
☐ **3.** Le 28 mars, le fait de couper l'électricité pendant 1 heure permettra de réduire les émissions de CO_2.

c. ☒ **1.** L'idée d'éteindre les lumières le 28 mars est un mouvement mondial.
☐ **2.** L'idée de Earth Hour ne concerne que les citoyens des pays occidentaux.
☐ **3.** L'idée de Earth Hour concerne les citoyens des pays qui ont signé le protocole de Kyoto.

B. Relevez dans le texte tous les mots qui font allusion :

a. à la lumière et à l'obscurité : ....

b. à l'engagement : ....

C. Expliquez les jeux de mots suivants. Que signifient les mots « lumineux » et « allumer » dans ces expressions ?

a. « envoyer un message lumineux d'engagement » : ....

b. « allumons nos consciences » : ....

2. Relisez le texte page 35 et répondez aux questions à partir des éléments du texte.

a. Quand se termine la fête d'Eauze ? ....

b. Par quelle attraction finit-elle ? ....

c. Michelito va-t-il faire d'autres spectacles en France ? ....

d. Avec qui Michelito va-t-il être en compétition le 2 août ? ....

3. Trouvez les antonymes des mots en italique.

a. Cet article n'est pas *subjectif* mais ....

b. Ces chiffres ne sont pas *justes*, ils sont ....

c. Il ne *dit* pas *la vérité*, il ....

d. Son discours n'est pas *franc* mais ....

e. Cette histoire n'est pas *véridique* mais ....

f. Ce journaliste *prend parti*, il n'est pas ....

g. Les historiens ne doivent pas présenter des faits *imaginaires* mais ....

....

4. Relisez l'encadré « Le point sur... » page 37. Complétez la fiche de renseignements.

	CNRS	Académie française
Fonction de l'institution		
Nombre de personnes		
Domaine d'études		
Catégories des personnes représentées		
Conditions de travail		
Remarques supplémentaires		

5. 8 Écoutez le document sonore et répondez aux questions.

a. Où se passe l'interview ? ....

b. De quel prix parlons-nous dans cette interview ? ....

c. En quelle année l'Académie française a-t-elle instauré ce prix ? ....

d. Quand a lieu l'attribution de ce prix ? ....

e. Comment se passe la sélection des romans ? Expliquez. ....

....

f. Quel auteur a reçu un prix en 1968 ? ....

g. Pour quel roman Pascal Quignard a-t-il reçu le prix de l'Académie française ? ....

h. Quels sont les trois romans sélectionnés cette année-là ? ....

....

Préparation au DELF B2

• Compréhension de l'oral

Reportez-vous aux activités des leçons 1 à 4 : « Écoutez le document sonore. »

[Leçon 1, page 10, exercice 5 – Leçon 2, page 18, exercice 4 – Leçon 3, page 27, exercice 6 – Leçon 4, page 34, exercice 5]

• Compréhension des écrits

Lisez le texte et répondez aux questions.

« Ne mettez pas l'enfant au centre de TOUT »

Françoise Dolto née le 6 novembre 1908 aurait 100 ans cette année. À l'heure où l'Unesco s'apprête à célébrer le centenaire de cette célèbre psychanalyste, de nombreux médias publient ou republient des articles sur celle qui parlait aux bébés.

Vingt ans après sa mort, Françoise Dolto, pédiatre, psychanalyste et grand-mère symbolique d'une génération, a autant de partisans admiratifs que de farouches détracteurs. Il faut dire qu'entre-temps les bébés Dolto, élevés à la légère, sont devenus des ados et que le résultat n'est pas toujours à la hauteur des ambitions de leurs père et mère. Après avoir considéré la dame comme la magicienne de l'éducation, on en a fait le bouc émissaire de nos désillusions. On l'a caricaturée, s'insurgent ici Catherine Dolto-Tolitch, sa fille, et Caroline Eliacheff, son élève. Elle n'a jamais prôné l'enfant-roi ! Vingt ans après, il est donc temps de s'y résigner : si le Dolto bien compris est une leçon de bon sens pour élever ses enfants, il n'y a pas de mode d'emploi !

Caroline Eliacheff : Qu'on la connaisse ou non, qu'on l'ait lue ou pas, on est de toute façon imprégné par les idées de Dolto, sans même que l'on s'en aperçoive. Prenez la justice. Les juges pour enfants écoutent davantage les enfants aujourd'hui, ils leur annoncent eux-mêmes les décisions qui les concernent. C'est un héritage de Dolto. Toutes les institutions qui se rapportent à la petite enfance en ont été elles aussi changées : dans les maternités, les crèches, les écoles, on n'accueille plus les petits de la même manière. L'idée selon laquelle l'enfant, dès le plus jeune âge, est un Sujet, un être de communication qu'il faut respecter, s'est imposée.

Dominique Simonnet (journaliste) : Par souci de respecter leurs enfants justement, nombre de parents les ont élevés à la Dolto, c'est-à-dire dans une extrême permissivité. Avec les conséquences désastreuses que l'on connaît.

C. E. : Les propos de Françoise Dolto ont souvent été réduits à des slogans et pervertis. Quand elle dit qu'un enfant peut tout comprendre, cela ne signifie pas qu'il sait tout sans être éduqué. Bien au contraire, c'est l'éducation qui va l'humaniser. Sous prétexte de « faire du Dolto », on est passé du dressage, qui avait présidé à l'éducation pendant des siècles, au laxisme, qui est l'envers de la même médaille au nom d'un prétendu épanouissement de l'enfant. Françoise Dolto a défendu une éducation fondée sur la compréhension, la confiance et le respect réciproques, sur les droits et les devoirs des parents et des enfants sans jamais rien céder sur les interdits permettant à tout un chacun de devenir un être humain.

D.S. : L'enfant-roi, autour duquel tourne toute la famille, ce n'est donc pas le résultat des théories doltoïennes ?

C. E. : Non ! Beaucoup de gens ne l'ont pas compris ; néanmoins, Dolto a dit le contraire : l'enfant doit toujours être à la périphérie, et surtout pas occuper une place centrale. Cela ne signifie pas qu'il faut le négliger. Mais le centre, ce sont les parents. Ceux-ci doivent mener leur vie d'homme et de femme. Ils n'ont pas à se sacrifier au nom du bonheur de leur fils ou de leur fille. Ou bien, ce sacrifice, tout le monde va le payer très cher !

D.S. : Les parents, d'abord ! On avait tout faux alors ! Mais qu'est-ce qu'il faut donc retenir de Dolto ?

Catherine Dolto-Tolitch : Il ne faut pas prendre ses propos comme des recettes de cuisine. L'essentiel est plutôt d'essayer de comprendre ce qu'exprime son enfant. Souvent, on perçoit ce qu'il dit ou ce qu'il fait comme une opposition : « Il a agi contre moi… » Or Françoise Dolto a montré que, derrière ce « contre », il y a un « pour » que l'on peut rechercher. Pourquoi agit-il comme cela, en quoi cela m'influence-t-il, moi ou ma famille ? Voilà des questions à se poser. Les paroles et les actes d'un enfant ont toujours un sens. Mais le comprendre n'implique pas de donner raison. Un parent a le droit et le devoir de dire non.

D.S. : Appliquait-elle ses principes à ses propres enfants ?

C. D.-T. : C'était une femme très cohérente. Elle disait comme elle faisait, elle faisait comme elle disait. Elle veillait toujours à ne pas nous culpabiliser, mais à nous responsabiliser. Elle me demandait souvent : « Pourquoi tu as fait cela ? » Mais jamais : « Tu n'aurais pas dû faire cela. » Je crois qu'elle m'a culpabilisée un quart d'heure dans toute ma vie, lorsque j'avais 30 ans. J'avais promis de passer chez elle parce qu'elle recevait des amis étrangers, et puis j'ai appelé pour me décommander. Elle a fait : « Oh ! ils vont être déçus… »

D.S. : C'est tout ? Elle réagissait comme ça, même après une énorme bêtise ?

C. D.-T. : Surtout. Un jour, quand j'avais 5 ans, j'ai cassé un superbe objet en bois laqué que des amis d'Amérique latine venaient juste de nous apporter. Elle m'a dit : « Comme tu dois être embêtée ! » Elle était comme ça. Oui. Elle avait une forme d'éthique qui laissait le loisir de se culpabiliser soi-même si on le voulait. Mais ça ne venait jamais d'elle.

D.S : Elle se mettait à la place de l'enfant, en somme ?

C. D.-T. : Elle essayait toujours de trouver la signification de nos actes. En fait, ce qu'il faut préserver aux yeux d'un enfant, c'est la certitude que ses parents sont toujours là pour l'accueillir et le protéger en le responsabilisant, qu'ils se réjouissent de son développement, que leur but n'est pas de l'enfoncer davantage quand il est déjà ratatiné de culpabilité. Qu'est-ce que l'éducation, au fond, si ce n'est permettre à l'enfant d'avoir confiance en soi ?

D.S. : Il fallait du temps pour être une telle mère.

C. D.-T. : Je crois plus à la qualité du temps passé avec les enfants qu'à la quantité. J'ai plutôt souffert, petite, de ne pas voir assez ma mère. Cependant, elle avait une manière d'être toujours disponible. Elle vous donnait dix secondes, mais c'était dix vraies secondes. Quand on rentrait de l'école avec un souci, on se cachait dans un coin de l'appartement, là où on pouvait la voir, dès qu'elle sortait de son cabinet pour raccompagner un patient, on fonçait comme un faucon sur sa proie. Elle nous accueillait, nous écoutait et nous rassurait : « On en parlera tout à l'heure. » Cela avait peut-être duré moins d'une minute, mais on avait la certitude qu'elle était là, avec nous, qu'elle nous comprenait. Et c'était essentiel.

D.S. : La Dolto, analyste des bébés, était très critiquée. On a dit qu'elle avait un don particulier pour comprendre les enfants et les bébés…

C. E. : Comme si elle était un peu sorcière ? Non, quand on assistait à ses consultations de nourrissons, on voyait qu'il n'y avait rien de magique. Tout reposait sur une logique absolue, sur un raisonnement nourri de la clinique psychanalytique dont elle a tiré sa théorie – plutôt complexe – sur ce qu'elle a appelé l'« image inconsciente du corps ».

D.S. : Ce qui implique que sa méthode peut se transmettre. Pourtant, contrairement aux autres analystes, elle n'a pas fondé d'école.

C. E. : Elle a toujours pensé que ce n'était pas une bonne idée. Elle n'avait pas tort : en France, l'histoire de la psychanalyse est faite de scissions et de querelles de pouvoir. Mais elle passait beaucoup de temps à expliquer aux analystes ce qu'elle faisait. C'est en assistant à ses consultations de la rue Cujas, à Paris, pendant les deux dernières années de sa vie, que j'ai pu apprendre à travailler avec les bébés et assurer le relais d'une part de ses activités.

D.S. : Disons-le carrément : aujourd'hui encore, beaucoup de gens ne croient pas à la psychanalyse des bébés.

C. E. : Il suffit de leur montrer comment réagit un enfant quand on le considère digne de confiance, tel un vrai interlocuteur. Lorsqu'on lui dit : « Si tu veux que tes parents me croient, fais un petit signe », et que l'on voit l'enfant ouvrir les yeux, tourner la tête, on n'a plus besoin de les convaincre… J'ai vécu cette expérience de nombreuses fois, et pourtant, elle m'émeut toujours.

D.S. : Avant de devenir parent, on aurait tous besoin de passer sur le divan ?

C. D.-T. : Certainement pas ! Il ne faut pas mélanger les genres. D'ailleurs, maman ne se comportait jamais en analyste avec nous, ni avec sa voisine de palier. Tous ceux qui sont en contact avec les enfants devraient aussi se poser la question de leur place par rapport à l'enfant. C'est l'un des grands enseignements de Dolto. Père, mère, éducateur, enseignant, psy… Ce ne sont pas les mêmes fonctions. Et chacune d'elles fixe des limites à ce que l'on peut dire à un enfant.

D.S. : Pas facile d'être parent…

C. E. : Est-ce que cela l'a jamais été ? Il faut aussi oser se fier à son instinct. Cela fait longtemps, par exemple, que les mères savent qu'elles peuvent communiquer avec leur bébé dès le plus jeune âge, et même avant la naissance. Mais elles ne le disaient pas. Car on ne les croyait pas. Aujourd'hui, tout le monde ou presque admet qu'un enfant a avant tout besoin de communiquer et d'être informé avec justesse de ce qui le concerne : de ses origines et de ce qui va lui arriver.

D.S. : On dit également que les premiers moments de la vie sont décisifs, que « tout se joue avant 6 ans »...

C. D.-T. : Là encore, il faut se méfier du terrorisme psy, et des mauvaises interprétations. Les premiers instants de la vie sont importants, mais pas irrémédiables. Chaque seconde n'est pas décisive pour la vie entière. Heureusement ! Françoise Dolto avait la conviction que, chez un être humain, tout pouvait être rejoué. C'est aussi cela, son héritage : nous pouvons tous inventer notre liberté.

D'après un article publié le 07/01/1999,
mis à jour le 19/12/2003 dans l'Express.fr
de Caroline Eliacheff et Catherine Dolto-Tolitch
Propos recueillis par Dominique Simonnet.

1. Dites si les affirmations suivantes sont vraies ou fausses. Justifiez votre réponse en vous référant au texte.

	Vrai	Faux
a. Aujourd'hui, vingt ans après sa mort, on peut dire que Françoise Dolto n'a que des partisans.	☐	☐
b. C'est grâce à l'héritage de Françoise Dolto que nous pouvons observer aujourd'hui des changements dans les institutions qui sont spécialisées dans la petite enfance.	☐	☐
c. Selon Dolto, il ne faut jamais rien refuser à un enfant et l'adulte ne doit jamais dire « non ».	☐	☐
d. Françoise Dolto cherchait à ce que ses propres enfants comprennent leurs erreurs ou leurs bêtises.	☐	☐
e. Elle consacrait beaucoup de temps à ses propres enfants.	☐	☐
f. Malgré les querelles de pouvoir au sein des différentes écoles de psychanalyse, Dolto a pu créer sa propre école.	☐	☐
g. C'est seulement depuis peu de temps que l'on reconnaît que les mères peuvent communiquer avec leurs bébés.	☐	☐
h. Selon Dolto, la période avant six ans est décisive pour la vie entière.	☐	☐

2. Relevez les idées nouvelles que Françoise Dolto a apportées dans le domaine de l'éducation des enfants.

3. Expliquez pour quelle raison la fille de Dolto affirme qu'il est plus important de passer du temps avec les enfants en qualité plutôt qu'en quantité ?

4. Trouvez les mots du texte à partir des définitions suivantes :

a. Qui laisse faire, qui n'est pas assez strict :

b. Personne accusée injustement de toutes les fautes et de tous les torts :

c. Décrire et parodier de manière exagérée :

d. Qui ne peut pas revenir en arrière :

• Production écrite

Pensez-vous qu'un journaliste puisse toujours être impartial ?
Vous examinerez de manière argumentée les réponses à cette question et donnerez votre point de vue personnel.

• Production orale

Lisez l'extrait de cette interview du journal *20 Minutes*. Dégagez le thème soulevé par le document puis présentez votre opinion sous forme d'un exposé.

« LES PRÉ-ADOLESCENTS N'ONT PAS CHANGÉ, LA SOCIÉTÉ SI »

Interview de Gérard Schmit, professeur de psychiatrie de l'enfant à la faculté de médecine de Reims.

[...]

Les pré-adolescents d'aujourd'hui ne sont donc pas différents de ceux d'hier ?
Ce ne sont pas eux qui ont changé, mais la société et ses valeurs. L'épanouissement individuel a pris le pas sur l'ordre et l'interdit. Les jeunes se heurtent donc à moins de limites, ce qui peut expliquer l'aggravation des faits de violence. Certains n'ont pas conscience de mal faire, et d'autres vont chercher la confrontation avec l'adulte en commettant des bévues. Car la confrontation est nécessaire pour la construction de l'individu.

Est-ce donc légitime que la justice se montre de plus en plus sévère avec les mineurs ?
Non. Il faut qu'elle reste une réponse adaptée selon l'âge de l'adolescent, le contexte dans lequel il a commis l'acte et le sens que cet acte a pour lui. Même si on ne peut pas systématiser l'irresponsabilité des 12-13 ans, ils ne doivent pas être soumis à la même justice que les adultes car chez eux, tout est encore évolutif.

C'est-à-dire...
Même si on constate une désorganisation mentale importante chez un pré-adolescent, on ne peut pas prédire de la suite. L'adolescence va faire son travail de maturation et remettre en cause les fondations. Rien n'est définitif. On ne peut donc pas prévoir qu'un enfant va devenir délinquant ou psychopathe et l'enfermer en prison.

20 Minutes.fr (08/01/2007)
Propos recueillis par Catherine Fournier

Je vous comprends

Vous allez apprendre à :

☑ comprendre une explication
☑ expliquer les causes d'un phénomène
☑ décrire des traits de caractère

Travail avec les pages Interactions

Vocabulaire

• conjoncture (n.f.) ....
humanité (n.f.) ....
lien (n.m.) ....
querelle (n.f.) ....
sphère (n.f.) ....
• éternel (adj.) ....
fondamental (adj.) ....
monstrueux (adj.) ....
rancunier (adj.) ....
• atterrer (v.) ....
focaliser (se) (v.) ....
• avoir une dent contre quelqu'un (expr.)
faire une crasse (expr.) (*fam.*) ....

1. Relisez les textes pages 48 et 49 du livre de l'élève.

A. Jouez à « Qui est qui ? ».

Exemple : Je pense qu'il faut de l'argent pour avoir un enfant et la situation économique est trop préoccupante.
Qui suis-je ? → *Cristina*

a. Je n'oublie jamais si quelqu'un s'est mal comporté avec moi. Qui suis-je ? → ....
b. L'argent passe au second plan. Je ne pourrai pas faire un travail que je n'aime pas sous prétexte de gagner beaucoup d'argent.
Qui suis-je ? → ....
c. Le bonheur, c'est le moment que je passe avec mes proches après une journée de travail. Qui suis-je ? → ....
d. Je résumerais mon sentiment de peur par la crainte d'être au chômage. Qui suis-je ? → ....
e. Le fait de se retrouver sans personne, c'est ma plus grande crainte. Qui suis-je ? → ....
f. Je ne veux pas avoir toute ma vie la responsabilité d'un enfant. Qui suis-je ? → ....
g. J'ai une très grande famille et c'est une chose essentielle pour moi. Qui suis-je ? → ....
h. J'ai des origines italiennes. Qui suis-je ? → ....
i. J'adore découvrir d'autres langues que la mienne, notamment l'anglais. Qui suis-je ? → ....

B. Répondez aux questions.

a. Combien de personnes ont été interrogées dans le livre *6 milliards d'Autres* ?

....

b. Quelle était l'intention de Yann Arthus-Bertrand en réalisant ce projet ?

....

2. Retrouvez le sens de ces expressions imagées. Associez.

a. Avoir la dent dure
b. Dent pour dent
c. Avoir une dent contre quelqu'un
d. **Quand les poules auront des dents**
e. Parler entre ses dents
f. En dents de scie
g. Claquer des dents
h. Avoir les dents longues

1. Avoir de la rancune contre quelqu'un
2. Avoir froid
3. Être sévère dans la critique
4. Justice et vengeance
5. Qui a des hauts et des bas
6. Peu distinctement
7. Être très ambitieux
8. **Jamais**

3. Trouvez les substantifs : formez des expressions.

a. Lier → Garder un ____________ avec la famille est important pour Aron.
b. Posséder → La ____________ de vaches est plus important que l'argent selon Kisean.
c. Discuter → Quel bonheur d'entamer une ____________ avec ses enfants après une journée de travail !
d. Réussir → La ____________ à mon examen d'anglais m'a procuré un grand bonheur.
e. Pardonner → Le ____________ est une chose importante dans la religion catholique.

Travail avec les pages Ressources

Vocabulaire

• fondement (n.m.) ____________
• découler (de) (v.) ____________
imputer ____________
facteur (une cause) (n.m.) ____________
délaisser (v.) ____________

C'est à savoir

L'expression de la cause

• La cause exprimée avec : *parce que – car – puisque – comme*

• La cause exprimée par un **verbe** (voir p. 51 du livre de l'élève) :

être causé par – être créé par – être provoqué par – être produit par – être dû à – découler de – être lié à – résulter de – s'expliquer par

• La cause est exprimée par une expression suivie d'un **nom** :

à cause de – du fait de – en raison de – grâce à

• Voir **l'encadré page 51** du livre de l'élève.

21 mars

1. Écrivez deux phrases qui expriment la cause à partir des éléments proposés.

Exemple : Amélioration de la condition de la femme. **Cause** : l'indépendance financière (*être lié à – du fait de*)

→ *L'amélioration de la condition de la femme est liée à l'indépendance financière.*

→ *On observe une amélioration de la condition de la femme du fait de l'indépendance financière.*

a. Engouement de plus en plus fort pour les causes humanitaires. **Cause** : les gens ont besoin de partager des valeurs de solidarité (*être dû à – car*)

→ L'engouement pour les causes humanitaires est de plus en plus fort car les gens...

→ " de plus en plus fort pour " " est dû à cause du besoin de partager...

b. Le chômage a augmenté. **Cause** : la crise financière actuelle (*s'expliquer par – parce que*)

→ L'augmentation du chômage s'explique par la crise financière actuelle

→ Le chômage a augmenté parce qu'il y a la crise " "

c. Les femmes préfèrent allaiter leurs bébés. **Cause** : le lait de l'industrie agroalimentaire n'est pas bon (*puisque – en raison de*)

→ " " " " " " puisque " " " " "

→ " " " " " " en raison du lait d'industrie agroalimentaire n'est

d. Certaines femmes arrêtent de travailler pour élever leurs enfants. **Cause** : les dépenses pour la garde sont trop élevées (*comme – à cause de*)

→ Comme des dépenses sont trop élevées, certains femmes arrêtent de...

→ À cause des dépenses trop élevées pour la garde, certains femmes arrêtent...

e. Les enfants ont des problèmes de santé. **Cause** : le stress et la fatigue des mamans (*être provoqué par – découler de*)

→ Les problèmes de santé des enfants sont provoqués par le stress et la...

→ " " " " " " découlent du stress et la fatigue des mamans

f. Les jeunes partent plus tard de chez leurs parents. **Cause** : la situation économique difficile (*du fait de – être lié à*)

→ Le départ des jeunes plus tardif de chez leurs parents est lié à la sit. écon.

→ Les jeunes partent plus tard de chez leurs parents du fait de la sit. écon.

2. Complétez les phrases avec *par*, *pour* ou *à*.

a. Il a déménagé en France par amour pour sa compagne.

b. Nous avons réalisé qu'il nous avait menti à sa façon de nous regarder.

c. Nous avons été exclus de la réunion pour avoir contesté les nouvelles décisions du directeur.

d. J'étais certaine qu'il était fou d'elle à sa manière de lui parler.

e. Notre collègue est très aimé pour sa disponibilité et son professionnalisme.

f. Il a refusé d'accepter cette proposition par conviction personnelle.

3. 9 **Travaillez vos automatismes. Confirmez comme dans l'exemple.**

Exemple : Pourquoi es-tu inquiète ? À cause de problèmes familiaux ?

– Oui, je suis inquiète à cause de mes problèmes familiaux.

a. À quoi est due ta fatigue ? Au stress ? Oui, la fatigue est due à cause au stress.

b. Qu'est-ce qui a causé la démission de Philippe ? La restructuration de l'entreprise ? Philippe a demissé à cause de

c. Qu'est-ce qui est à l'origine de ton divorce ? Ta rencontre avec Marc ? Oui, l'origine de mon divorce est à cau

d. Comment s'expliquent les mauvais résultats de ton fils ? Par ton divorce ?

e. Pourquoi as-tu des dettes ? À cause des remboursements de ton prêt immobilier ?

Travail avec les pages Simulations

Vocabulaire

• addiction (n.f.)
aléa (n.m.)
asile (n.m.)
ayant droit (n.m.)
bosquet (n.m.)
cogitation (n.f.)
détresse (n.f.)
druide (n.m.)
échappatoire (n.f.)
elfe (n.m.)
faille (n.f.)
intendant (n.m.)
néologisme (n.m.)
pendule (n.m.)

sorcellerie (nf.)
sourcier (n.m.)
tatouage (n.m.)
• déboussolé (adj.)
démuni (adj.)
existentiel (adj.)
impassible (adj.)
imperturbable (adj.)
narcissique (adj.)
paranormal (adj.)
prémonitoire (adj.)
serein (adj.)
vulnérable (adj.)
• affaler (s') (v.)

arpenter (v.)
attiser (v.)
bannir (v.)
dispenser (v.)
ébranler (v.)
écouler (v.)
virer (changer) (fam.) (v.)
• carrément (adv.)
grassement (adv.)
inversement (adv.)
• avoir le cafard (expr.)
avoir son mot à redire (expr.)
en substance (expr.)
laisser libre court à (expr.)

1. Relisez les textes pages 53 et 54 du livre de l'élève. Dans ces articles, il est écrit que :

	Vrai	Faux	?
A. Les « workaholiques »			
a. Les RTT sont en général les seules choses que supportent les drogués du travail.	☐	☒	☐
↳ sont bannies de leur vocabulaire			
b. C'est souvent la perte d'un parent pendant l'enfance qui pousse les « workaholiques » à être hyperactifs.	☐	☐	☒
(Sujet non indiqué)			
c. L'hyperactivité professionnelle permet à certains de montrer une très bonne image d'eux.	☒	☐	☐
→ image personelle gratifiante			
d. Les « workaholiques » sont souvent des personnes narcissiques et qui ont une haute estime d'eux-mêmes.	☐	☒	☐
(contraire)			

B. Retour du surnaturel

	Vrai	Faux	?
e. Des millions de touristes se rendent en Bretagne et en Provence pour vivre des expériences surnaturelles.	☐	☐	☐
f. Les sondages confirment un retour de la pensée magique et de l'engouement pour le surnaturel.	☐	☐	☐
g. Certaines entreprises font appel à des médiums.	☐	☐	☐
h. Les médiums qui conseillent les grandes entreprises sont très bien payés.	☐	☐	☐
i. Le livre *Da Vinci Code* s'est vendu à plus de 5 millions d'exemplaires.	☐	☐	☐
j. Plus de la moitié des Français croit en Dieu.	☐	☐	☐

2. Relisez le vocabulaire de l'encadré page 55 et barrez le mot qui est de trop.

a. C'est un garçon très *émotif / tendu*, il n'arrive pas à cacher ce qu'il ressent.

b. Elle est *relaxée / hypersensible* et pleure très facilement.

c. Il a peur de tout et se sent toujours persécuté. C'est un vrai *mythomane / paranoïaque*.

d. Après son retour de l'étranger, il a été *déboussolé / narcissique* pendant quelques semaines.

e. Cette personne est sereine, elle sait *se contenir / délirer*.

f. Pour réussir cet entretien, vous devez absolument être *hypertendu / détendu*.

g. Sa rupture amoureuse ne l'a pas aidée. Elle *est à bout de nerfs / sait se modérer*.

3. Scrabble. Les lettres ont été mélangées. Trouvez les mots qui désignent des problèmes psychologiques (voir encadré p. 55). Aidez-vous des définitions.

a. S-T-É-R-S-E-S (tendu)	S – – – – – –
b. G-R-I-F-A-E-L (vulnérable)	F – – – – – –
c. S-S-I-P-M-A-B-I-E-L (calme)	– – – – – – – B – –
d. O-C-R-C-A (dépendant)	– C – – –
e. Q-I-M-N-A-A-U-E (obsédé)	– A – – – – – –
f. U-C-S-S-I-E-B-P-T-L-E (irritable)	S – – – – – – – – – –

4. Lisez « Le point sur... » page 55.

A. Expliquez les sigles suivants :

a. RMI → ......

b. CMU → ......

c. SDF → ......

d. Pacs → ......

B. Trouvez les sigles.

e. Centre national de recherches scientifiques → ......

f. Caisse d'allocations familiales → ......

g. Habitation à loyer modéré → ......

h. Société nationale des chemins de fer français → ......

i. Régie autonome des transports parisiens (le métro) → ......

j. Train à grande vitesse → ......

k. Salaire minimum interprofessionnel de croissance → ......

C. Quels conseils pourriez-vous donner à ces personnes ?

l. Bonjour, j'ai perdu mon emploi et je n'ai plus droit au chômage. Ai-je la possibilité malgré tout de recevoir une aide ?

......

m. Je suis pacsé depuis deux ans avec mon partenaire et nous aimerions demander une aide au logement. Est-ce possible ?

......

n. Mon ami est réfugié politique. Il habite en France depuis 16 mois, il a sa carte de résident et n'a jamais travaillé. Peut-il se faire soigner gratuitement ?

......

o. Il y a un SDF dans ma rue. Peut-il obtenir un logement pour cet hiver ?

......

......

p. Pouvons-nous mourir de faim en France si nous n'avons plus rien ? Quelles aides existe-t-il ?

......

5. 10 Écoutez le document sonore.

A. Complétez la fiche de renseignement sur les Restos du cœur.

Les Restos du cœur	
Date de création	
Objectifs	– ...... – ...... – ......
Statut juridique	......
Repas servis en 2006-2007	......
Nom du créateur des Restos du cœur	...... Né en ...... Mort en ...... Profession ......

Les Enfoirés

B. Répondez aux questions.

a. Quel est le nom officiel des Restos du cœur ? ....

b. Selon ce bénévole, combien de repas ont été distribués depuis 1985 ? ....

c. Combien de repas ont été servis pendant l'hiver 1985-1986 ? ....

d. Combien de Français vivent au-dessous du seuil de pauvreté européen ? ....

e. Que désignent Les Enfoirés ? ....

f. Quels sont les autres types de financement de l'association ? ....

6. Lisez le texte sur les « Mystérieux gauchers ».

A. Expliquez :

a. être gaucher : ....

b. passer l'arme à gauche : ....

c. se lever du pied gauche : ....

d. occuper le Bureau ovale : ....

B. Dites si les affirmations sont vraies ou fausses. Justifiez avec une phrase du texte.

	Vrai	Faux
a. Les gauchers existent depuis la Rome antique.	☐	☐
b. Il existe des gauchers chez les animaux.	☐	☐
c. On ne sait pas d'où vient le fait que certaines personnes sont gauchères.	☐	☐
d. On compte 13 % de gauchers dans le monde, ce qui équivaut au pourcentage en France.	☐	☐
e. Les présidents des États-Unis depuis trente-quarante ans ont tous été gauchers.	☐	☐

MYSTÉRIEUX GAUCHERS

13 % de la population se sert de la... « mauvaise » main. Un non-droitier analyse cette « différence » qu'aucun scientifique ne peut expliquer.

Gauchers de tous pays, unissez-vous ! Le 13 août a beau être, depuis 1976, votre Journée internationale, cela ne suffit pas. 13 % de la population mondiale est gauchère et, pourtant, elle demeure victime d'un ostracisme qui dure depuis l'Antiquité.

Pourquoi faut-il, par exemple, que, pour mourir, on passe « l'arme à gauche » ou que, de mauvaise humeur, on se lève « du pied gauche » ? Pourquoi certains gauchers – y compris l'auteur de ces lignes – peuvent-ils être « rééduqués » (entendre : devenir droitiers), tandis que d'autres restent incapables de couper une feuille de papier comme « tout le monde » (entendre : les droitiers) ?

Curieusement, aucun scientifique n'est en mesure d'avancer une interprétation satisfaisante à cette différence. Seule certitude, l'existence des gauchers remonte aux premiers hommes – des outils préhistoriques et des peintures rupestres l'attestent. On trouve également des animaux gauchers, chez les primates en particulier. Mais, comme pour les êtres humains, ils ne sont jamais majoritaires.

Personne ne peut, à ce jour, expliquer pourquoi toutes les civilisations ont eu leurs gauchers. Une étude effectuée sur des bijoux et la façon de les torsader le montre : il y avait 10 % de gauchers parmi les artisans de la Rome antique ; de même, on en compte 8 % environ dans la Chine impériale, ainsi que dans les pays arabes – là où, pourtant, on écrit de droite à gauche ; et, aujourd'hui, ils sont 13 % en France et 12 % aux États-Unis.

Les plus connus ? Platon, Bach, Michel-Ange, Léonard de Vinci, Pascal, Einstein... Sans oublier le prochain président américain, John McCain et Barack Obama, appartenant tous deux à cette catégorie. Mais rien d'étonnant à cela, puisque, au cours des trente-quatre dernières années, les gauchers ont occupé le Bureau ovale durant... vingt-deux ans.

Vincent Olivier

L'Express 14/08/2008.

21 mars

7. Lisez le texte sur les « Recettes amaigrissantes » et complétez les parties du tableau quand c'est possible.

Où ?	Qui ?	Politique mise en place contre l'obésité	Points positifs observés	Points négatifs observés
Tonga	le précédent roi			
Grande-Bretagne	le gouvernement de Gordon Brown	Taxes sur les glaces		
Varallo	le maire			
	Compagnies aériennes			
	Legal & General			
	Norwich Union			

Norwich Union

Recettes amaigrissantes

Combattre l'obésité par l'impôt ? Alors que la France y pense, certains pays testent d'autres méthodes. La lutte est mondiale.

Partout dans le monde, les gouvernements cherchent des solutions pour contrer la progression de l'obésité. La taxation des aliments gras et sucrés, comme le préconise le rapport remis au ministère de la Santé, n'est qu'une mesure parmi toutes celles expérimentées aux quatre coins de la planète. À Tonga, archipel du Pacifique où 92 % de la population est en surcharge pondérale, le précédent roi, Taufa'ahau Tupou, disparu en 2006, a été le premier à mettre ses sujets au régime en lançant des concours d'amaigrissement (auxquels il participait, pesant lui-même 200 kg) et en imposant des quotas d'importation des panses de mouton, mets favori (et très gras) de ses sujets. En Grande-Bretagne, le gouvernement de Gordon Brown a décidé de taxer à 17,5 % les glaces, chips et confiseries, et vient également de mettre en place un programme de surveillance du poids des élèves dans les écoles : tous les parents d'enfants en surcharge pondérale seront systématiquement informés et conseillés à partir de la rentrée de septembre. En Italie, le maire de Varallo, ville lombarde de 7 000 âmes, offre une prime de 50 euros à ses concitoyens parvenant à perdre 4 kg en un mois, somme portée à 300 euros s'ils n'ont pas repris de poids trois mois plus tard. L'opération, lancée il y a un an, est, paraît-il, un succès.

Des mesures de plus en plus contraignantes, voire stigmatisantes pour les obèses, peuvent aussi inciter à maigrir. Nombre de compagnies aériennes font désormais payer deux billets aux voyageurs ne tenant pas sur un seul fauteuil. Les assureurs s'y mettent aussi : la compagnie britannique Legal & General vient de majorer fortement les nouveaux contrats d'assurance-vie de ses clients dont l'index de masse corporelle dépasse 30, point à partir duquel on est classé obèse selon les critères de l'OMS. Norwich Union applique cette surtaxe à partir de 35 : une petite marge de liberté.

Gilbert Charles

Quelles sont les conséquences ?

Vous allez apprendre à :

- ☑ décrire le climat
- ☑ comprendre et expliquer les conséquences d'un phénomène
- ☑ comprendre des textes sur l'histoire et le patrimoine

Travail avec les pages Interactions

Vocabulaire

- • émanation (n.f.) ....
- essor (n.m.) ....
- glaciation (n.f.) ....
- glacier (n.m.) ....
- hémisphère (n.f.) ....
- mammouth (n.m.) ....
- mousson (n.f.) ....
- nappe phréatique (n.f.) ....
- ossement (n.m.) ....
- renne (n.m.) ....
- rhinocéros (n.m.) ....
- toundra (n.f.) ....
- • aléatoire (adj.) ....
- avide (adj.) ....
- caniculaire (adj.) ....
- rupestre (adj.) ....
- • asséner (v.) ....
- brosser (décrire sommairement) (v.)
- osciller (v.) ....
- refouler (v.) ....
- s'alarmer (v.) ....
- • fausser la donne (expr.) ....
- mettre en péril (expr.) ....

1. Relisez les textes pages 56 et 57 du livre de l'élève.

A. Répondez aux questions.

a. Quelles sont les preuves qui nous poussent à dire qu'il y a 6 000 à 8 000 ans, le climat était passé par une phase plus chaude ? Relevez trois preuves.

✓ Peintres rupestres – des ossements des animaux (éléphants – girafes – hippopotames)

b. Comment sait-on que le climat était clément en Grèce au IVe siècle avant J.-C. ? Citez la preuve qu'avance Françoise Laborde.

textes de Platon –

c. Que disent Françoise Laborde et Bjorn Lomborg au sujet du Groenland ? Qu'est-ce que cela nous prouve ?

✓ Ils disent que pendant la colonization par les Vikings il a été appelé «terre verte» . Ça est la preuve.

d. Selon Bjorn Lomborg, la Terre a-t-elle déjà été aussi chaude dans le passé ?

✓ Oui, selon lui la Terre a déjà été aussi chaude.

e. Pourquoi Bjorn Lomborg pense que le renoncement au progrès peut être très grave pour les pays pauvres ?

Parceque il considere que le coût de la arrêt de la croissance

f. Que pense le statisticien au sujet du pétrole ?

✓ Le statisticien pense que ceux qui affirment que les réserve de pétrole s'épuisent, c'est dans le but de faire monter le prix

B. De quoi s'agit-il ? Cherchez dans le texte.

a. Vent tropical qui souffle périodiquement → mousson ✓

b. Sur les parois d'une grotte → rupestre ✓

c. Présence de végétation et d'eau dans le désert → oasis

d. Le gaz carbonique en fait partie → gaz à effet de serre ✓

e. Qui est incertain quant au résultat, changeant → aléatoire ✓

f. S'inquiéter vivement → s'alarmer ✓

g. Venir à bout d'une situation difficile → s'en sortir ✓

2. Relisez les textes, relevez tous les mots (substantifs, adjectifs et verbes) qui font référence à la chaleur ou au froid, puis le nom des animaux qui vivent dans ce type de climat.

La chaleur	Le froid
Animaux :	Animaux :

3. Réécrivez les phrases en utilisant les mots suivants.

brosser dans le sens du poil – changer la donne – mettre en péril – refouler – osciller

a. La température de l'eau varie entre 16 °C et 17 °C.

La température oscille entre 16 °C et 17 °C ✓

b. B. Lomborg flatte les sociétés occidentales et les pays pauvres.

Lomborg brosse les sociétés occidentales et les pays pauvres. ✓

c. Les populations sont repoussées vers d'autres régions.

Les populations sont refoulées ✓

d. Cela peut avoir un impact dangereux sur notre société.

Cela peut mettre en péril ✓

e. L'action de l'homme a modifié ce qui était là précédemment.

L'action de l'homme a changé la donne ✓

Travail avec les pages Ressources

Vocabulaire

- carence (n.f.) ______
- contrecoup (n.m.) ______
- effondrement (n.m.) ______
- faillite (n.f.) ______
- impact (n.m.) ______
- répercussion (n.f.) ______
- retombée (n.f.) ______
- titre (bancaire) (n.m.) ______
- • se muer en (v.) ______

C'est à savoir

L'expression de la conséquence

La relation de conséquence peut être exprimée :

- **par une expression de type adverbial :**

– *C'est pourquoi... C'est la raison pour laquelle... D'où...* (uniquement en début de phrase)

– *donc... de ce fait... par conséquent... en conséquence...* (en début de phrase ou après le verbe)

- **par un verbe :**

– *causer – provoquer – créer – entraîner – amener – produire* (cause négative ou neutre)

– *permettre* (cause positive)

– *donner* + nom – *rendre* + adjectif

- **par une conjonction :**

de sorte que – si bien que – à tel point que – au point que

Se référer aussi aux encadrés p. 59 du livre de l'élève.

1. Cochez les phrases qui expriment la conséquence. Entourez le mot qui exprime la conséquence.

a. ☐ Le gouvernement ne cède pas ; d'où le mécontentement des travailleurs.

b. ☐ Nous avons assisté à une crise financière grave. Ce qui a eu pour résultat une montée du chômage.

c. ☐ Nous allons l'appeler pour qu'il vienne avec nous.

d. ☐ C'est en raison de la crise financière que les prix ont augmenté.

e. ☐ La crise mondiale était trop importante. C'est pourquoi les gouvernements sont intervenus.

f. ☐ Puisqu'il est satisfait de son travail, je ne vois pas pourquoi il devrait en changer.

g. ☐ Baisse du pouvoir d'achat, augmentation des prix du loyer : voilà pourquoi les gens sont mécontents !

h. ☐ Il est toujours enthousiaste. D'où vient cette joie de vivre ?

i. ☐ C'est grâce à notre maire si notre ville est devenue plus vivable.

j. ☐ Les mesures décidées par le Parlement européen ont eu un impact significatif.

k. ☐ Il y a eu une baisse des prix et les loyers ont aussi diminué.

l. ☐ Il y a eu une baisse des prix ; aussi les gens ont-ils commencé à consommer davantage.

2. Transformez le texte suivant en mettant l'accent sur les conséquences au lieu des causes. Utilisez l'expression entre parenthèses.

Exemple : Ce matin, mon réveil n'a pas sonné parce que les piles étaient usées. (*de sorte que*)

→ *Ce matin les piles de mon réveil étaient usées* **de sorte qu'***il n'a pas sonné.*

a. Comme je ne me suis pas réveillé à temps, je n'ai pas pu me raser et je me suis habillé à la hâte. (*par conséquent*)

→ ....

b. J'ai presque renversé la concierge car j'ai traversé le hall d'entrée en courant. Une fois dans ma voiture, j'ai démarré comme un fou. (*si bien que – du coup*)

→ ....

c. Au bureau, j'ai dû me rendre tout de suite dans la salle de réunion car le directeur m'attendait. (*donc*)

→ ....

d. Tout le monde était irrité à cause de mon retard. (*provoquer*)

→

e. J'avais faim car je n'avais pas pris mon petit déjeuner et j'étais incapable de me concentrer. (*de sorte que – d'où*)

→

3. Écrivez quatre phrases qui résument le débat, en exprimant la conséquence.

Débat : Faut-il augmenter les charges sociales des entreprises ou les réduire ?
Ce débat portera sur l'emploi. L'augmentation des charges affecte le budget des entreprises qui sont obligées de licencier du personnel. Le chômage augmente. Le pouvoir d'achat diminue. L'économie est ralentie.
D'un autre côté, les charges prélevées sur les entreprises peuvent permettre à l'État d'aider les personnes défavorisées, de construire des hôpitaux, des structures sociales, etc. Cela aide les plus pauvres à s'insérer dans la société et construit une société plus égalitaire. Les riches sont moins riches, mais les pauvres moins pauvres.

4. 11 Travaillez vos automatismes. Formulez les conséquences en utilisant le mot entre parenthèses selon l'exemple.

Exemple : Je n'ai pas d'argent, je ne peux rien acheter. (*du coup*)

→ *Je n'ai pas d'argent, **du coup** je ne peux rien acheter.*

a. Je n'ai rien compris, je ne peux pas lui répondre. (*c'est pourquoi*)

b. Je n'ai pas le temps, je finirai ce travail la semaine prochaine. (*donc*)

c. Il ne m'a pas appelé, je l'appellerai demain. (*c'est la raison pour laquelle*)

d. On était tous les deux, on a fait connaissance. (*de sorte que*)

e. J'étais tellement stressée que je suis restée muette. (*rendre*)

Travail avec les pages Projet

Vocabulaire

- algue (n.f.)
- ardoise (n.f.)
- bison (n.m.)
- bovin (n.m.)
- cavité (n.f.)
- cerf (n.m.)
- chatière (n.f.)
- compte à rebours (n.m.)
- condensation (n.f.)
- confinement (n.m.)
- impulsion (n.m.)
- massif (n.m.)
- paroi (n.f.)
- reclus (n.m.)
- seuil (n.m.)
- teneur (n.f.)
- tuile (n.f.)
- tyrannie (n.f.)
- drastique (adj.)
- exigu (adj.)
- incurable (adj.)
- indélébile (adj.)
- moucheté (adj.)
- ocre (adj.)

Vocabulaire

zélé (adj.) ____________ éradiquer (v.) ____________ s'avérer (v.) ____________

• déglinguer (*fam.*) (v.) ____________ fissurer (v.) ____________

démanteler (v.) ____________ rafistoler (v.) ____________

1. Lisez les textes pages 60 et 62 du livre de l'élève et dites si les affirmations sont vraies ou fausses. Justifiez.

	Vrai	Faux
a. La grotte de Lascaux a été découverte avant celle de Chauvet par des archéologues.	☐	☐
b. La grotte Chauvet est plus facilement accessible pour les visiteurs que celle de Lascaux.	☐	☐
c. Les peintures de la grotte Chauvet sont plus anciennes que celles de Lascaux.	☐	☐
d. Dans la grotte de Lascaux, quatorze peintures sur les 1 963 sont complètement intactes.	☐	☐
e. Depuis 1963, on ne peut plus visiter la grotte authentique de Lascaux.	☐	☐
f. Les noms de Lascaux et de Chauvet correspondent aux noms des lieux où se trouvent les grottes.	☐	☐
g. La grotte de Lascaux a été fermée définitivement en raison de problèmes de taches. Seul un contrôleur thermique peut y accéder.	☐	☐
h. Les taches noires trouvées sur les murs de la grotte de Lascaux ne peuvent plus être enlevées.	☐	☐

2. Complétez le texte avec les mots proposés. Accordez quand c'est nécessaire.

une paroi – le public – un cheval – un fac-similé – une sauvegarde – une cavité – un cerf – une conservation – préhistorique – un bovin

La grotte de Niaux

La grotte de Niaux est universellement connue et rivalise avec Lascaux pour la grande qualité et l'excellente ____________ de ses peintures depuis près de 13 000 ans. Située dans l'Ariège, cette immense ____________ d'accès assez difficile était connue depuis longtemps. Ce n'est qu'en 1906 que le commandant Molard comprit que les tracés ornant ses ______ étaient de l'époque ______. On y retrouve représentés des animaux tels que des ______, des ______ et des ______. Une partie de la grotte n'est pas ouverte au ______ pour des raisons de ______ du lieu. Par exemple, on trouve dans cette partie des gravures sur le sol. Ces œuvres, particulièrement fragiles, ne peuvent pas être approchées du public ; aussi ont-elles été reproduites en ______ au Parc de la Préhistoire.

3. Mots croisés.

Horizontalement : **1.** Synonyme d'« abîmer » – **2.** « Avoir » à la 1re personne du singulier – Animal à grandes oreilles – **3.** Briser – La peinture ou la sculpture en sont un – **4.** Préposition – Casser en morceaux – **5.** Dernière lettre d'alphabet – Conjonction de coordination – **6.** Protection – Lascaux en est une – **7.** Adjectif possessif – Vagabonde en une lettre – 1re lettre d'alphabet – Terminaison de l'infinitif des verbes du 2e groupe – **8.** Réparer grossièrement – **9.** Morceau de squelette – Terminaison de la 2e personne – Divague en une lettre – Négation.

Verticalement : **1.** Paquet – **2.** Lettres d'adieu – Cafés – **3.** Nul (*fam.*) – **4.** « Dire » à la 2e personne du singulier – Lettres de feu – **5.** En ébène – Céréale – **6.** Au centre de la Terre – **7.** Pronom – Rongeur – **8.** Carte la plus forte – Métal précieux – **9.** Station – **10.** Maintenance – **11.** Note de musique – À l'opposé du ciel.

	1	2	3	4	5	6	7	8	9	10	11
1	■										
2	■	■			■	■		■			
3							■				■
4	■			■							■
5		■	■	■	■	■	■	■	■		
6					■						
7			■	■		■		■	■		
8	■										
9			■			■	■		■		

4. Relisez « Le point sur... » page 63 et répondez aux questions en vous appuyant sur le texte.

a. Comment le patrimoine est-il perçu aujourd'hui ?

b. Cela a-t-il été toujours le cas dans l'histoire ?

c. Citez quelques domaines faisant partie du patrimoine.

d. Depuis quand parle-t-on de protection du patrimoine ?

e. En quoi la façon de protéger le patrimoine aujourd'hui est-elle différente de celle du XIXe siècle ?

5. 12 **Écoutez le document sonore.**

Aide à l'écoute :
- **un bambin :** un enfant.
- **une colle :** une question à laquelle on ne sait pas répondre.

A. Répondez aux questions.

a. De quoi est-il question dans cette rubrique radio ?

b. Quel public est concerné ?

c. Quels musées sont présentés ?

B. Complétez le tableau en décrivant les trois musées.

	Où ?	Qu'y trouve-t-on ?	Horaires ?	Tarif ?
Galerie				
Galerie				
Musée				

6. Lisez l'article sur « Le patrimoine en péril ».

A. Relevez les différentes politiques du patrimoine mises en place depuis cinquante ans.

Les années de Gaulle et Malraux	
Les années Pompidou	
Les années Giscard d'Estaing	
Les années Mitterrand et Jack Lang	
Aujourd'hui	

B. Répondez aux questions.

a. Selon le journaliste, quelle politique du patrimoine ressort de ces cinquante dernières années ? Pourquoi parle-t-il de règles contradictoires ?

b. De quelle manière la notion de patrimoine s'est-elle élargie au cours des années ?

c. Pour quelle raison le journaliste parle-t-il d'un patrimoine en péril ? Quels sont les principaux problèmes actuels mis en avant dans l'article ?

Le patrimoine en péril

Des rustines, pas de politique

Cinquante ans de pilotage à vue, entre règles strictes mais parfois bien contradictoires...

Alphonse Allais avait imaginé le prolongement du boulevard Saint-Michel jusqu'à la mer. Récemment Nicolas Sarkozy parlait d'un Grand Paris qui pourrait s'étendre jusqu'au Havre. Alphonse Allais disait aussi qu'il faudrait construire les villes à la campagne parce que l'air y est plus pur. La rurbanisation a donné corps à cette autre galéjade. Cinquante ans de politique du patrimoine, c'est cinquante ans de pilotage à vue entre réalisme et idéalisme, règles strictes et accommodements multiples.

En créant un ministère pour André Malraux, le général de Gaulle a fait de la culture un élément essentiel du prestige de la France. Dans le prolongement des lois précédentes, la politique du patrimoine aura pour priorité la protection des plus beaux monuments. La loi de 1962 sauvegardera les quartiers historiques. Ainsi les centres-villes promis à destruction par la sainte alliance de l'utopie architecturale et de la rapacité des promoteurs pourront-ils être sauvés. Il faut se rappeler qu'entre les deux guerres le plan Voisin concocté par Le Corbusier prévoyait de raser le centre de Paris (Notre-Dame exceptée) pour y construire des tours disposées en damier...

État déplorable

C'est Malraux également qui mettra en place un début de réglementation sur les fouilles et découvertes archéologiques et qui, par la loi du 31 décembre 1968 sur la dation d'œuvres d'art en paiement de droits de succession, évitera que de nombreux tableaux ne quittent le territoire national.

Pourtant, dans ces années 1960, deux émissions de télévision, très populaires, « Les chefs-d'œuvre en péril », de Pierre de Lagarde, et « La France défigurée », de Michel Péricard, prennent à contre-pied la propagande officielle en mettant l'accent sur l'état déplorable du patrimoine de la France et en valorisant l'action locale de milliers de bénévoles. En un demi-siècle, la notion de patrimoine s'est élargie et a fini par englober des sites naturels et industriels. Dans les années 1990, une attention particulière a été portée au patrimoine rural. Puis, durant la dernière décennie, on s'intéressera au patrimoine culturel immatériel.

Après la fièvre modernisatrice de la présidence de Pompidou, les années 1970 marquent un retour à l'impératif de sauvegarde. La destruction des halles de Baltard aura provoqué un véritable traumatisme. Les constructions des XIXe et XXe siècles entrent enfin dans le patrimoine. Valéry Giscard d'Estaing sauve la gare d'Orsay promise à destruction en la transformant en musée. Les années Mitterrand-Lang seront caractérisées par une double politique de popularisation (les Journées du patrimoine sont toujours un franc succès) et de décentralisation. Celle-ci se poursuit à un rythme accéléré : en 2003, 300 des 442 monuments historiques appartenant à l'État ont été transférés aux collectivités territoriales.

Le musée d'Orsay à Paris

Lors du discours de Nîmes le 13 janvier dernier, Nicolas Sarkozy a annoncé une augmentation de 100 millions d'euros de la dotation annuelle, reconductible pendant toute la durée du quinquennat, pour la restauration du patrimoine protégé. Cent millions d'euros, ce n'est pas une petite enveloppe. Mais il faut se rappeler que ce fut le prix payé pour un tableau de Klimt en 2006... Et chacun garde en tête cette fameuse lettre de mission adressée à Albanel, qui indiquait : « *Vous exigerez de chaque structure subventionnée qu'elle rende compte de son action et de la popularité de ses interventions, vous leur fixerez des obligations de résultats* »... La situation actuelle du patrimoine n'est pas brillante, c'est le moins que l'on puisse dire : monuments fermés pour cause de sécurité, chantiers de restauration arrêtés faute d'argent, châteaux vendus à des étrangers qui refusent de les ouvrir au public... Le temps est loin où la culture représentait, comme sous Jack Lang, 3 % du budget de l'État. L'argent pèse évidemment de tout son poids, mais les calculs ne sont pas toujours justes. Parler d'un monument déficitaire n'a guère de sens, si l'on ne tient pas compte de l'ensemble de l'activité qu'il génère en termes de dépenses touristiques.

Conserver ou moderniser ?

La politique du patrimoine hésite constamment entre les choix cornéliens et les solutions de compromis. Faut-il conserver ou moderniser ? Aider les propriétaires ou les contraindre ? Dans un univers de décentralisation, livré à la loi du marché, comment travailler pour l'intérêt général ? Dans le discours de Nîmes où il se présentait en défenseur du patrimoine, Sarkozy, par ailleurs partisan de l'implantation de tours, même en centre-ville, déplorait « *les interdictions de tous les côtés* » qui permettent à la moindre association locale de brider la création des architectes. La politique du patrimoine, c'est un invraisemblable maquis d'organismes, d'institutions, de règles qui se complètent mais aussi parfois se chevauchent et se contredisent. Une bonne partie des lois et décrets défont ce que les lois et décrets précédents avaient fait ! Le patrimoine est une lutte de chaque instant. Les milliers de particuliers et de professionnels qui y consacrent leur temps et leur énergie le savent assez et le disent de plus en plus. On en est encore au stade des vœux pieux.

Ch. G.

Marianne / 16 au 22 mai 2009

C'est nouveau !

Vous allez apprendre à :

- ☑ comprendre des textes parlant d'innovation scientifique
- ☑ faire un raisonnement par hypothèses et déductions
- ☑ décrire une expérience

Travail avec les pages Interactions

Vocabulaire

• antioxydant (n.m.)	gisement (n.m.)	posologie (n.f.)
baril (n.m.)	hybride (n.m.)	rétine (n.f.)
boudin (n.m.)	lentille (n.f.)	segment (n.m.)
diode (n.f.)	mandarin (langue) (n.m.)	serveur (informatique) (n.m.)
électrode (n.f.)	mandarine (n.f.)	• barboter (v.)
encablure (n.f.)	nutriment (n.m.)	engloutir (v.)
épilepsie (n.f.)	obésité (n.f.)	zoomer (v.)

1. Relisez les textes pages 64 et 65 et dites si les affirmations sont vraies ou fausses. Justifiez.

	Vrai	Faux
a. Énergie. Des boudins récupérateurs d'énergie se trouvent dans la mer à des centaines de mètres de la rive.	☐	☐
b. Énergie. On vient juste de poser trente boudins récupérateurs au Portugal, à Aguçadoura.	☐	☐
c. Alimentation. Des fruits survitaminés sont déjà en vente.	☐	☐
d. Alimentation. L'entreprise hollandaise Next Fruit Generation qui a mis au point des fruits survitaminés, notamment une mandarine qui est deux fois plus concentrée en vitamines.	☐	☐
e. Loisirs. La date pour la sortie des lentilles de contact a été décidée pour le début de l'année 2017.	☐	☐

f. Santé. Alim-Louis Benabid a implanté dans le cerveau de 40 000 patients un système d'électrodes pour lutter contre la maladie de Parkinson. ☐ ☐

g. Communication. Grâce au nouveau téléphone traducteur, les touristes pourront obtenir une traduction simultanée de ce qu'ils sont en train de lire sur un panneau de rue par exemple. ☐ ☐

2. Trouvez les mots à partir des définitions proposées.

A. *Les boudins récupérateurs*

a. Chose ou objet dont on ne connaît pas le nom (langage familier) : ……

b. Remuer l'eau avec ses pattes, s'ébattre dans l'eau. Souvent utilisé pour les oiseaux : ……

c. Plonger quelque chose dans l'eau : ……

B. *Les fruits survitaminés*

a. Avoir quelque chose en quantité suffisante (langage familier) : ……

b. Composé d'éléments de différente nature : ……

c. À une cadence plus rapide : ……

d. Rempli (langage familier) : ……

C. *Les lentilles magiques*

a. Embarrassé (gêné) par quelque chose : ……

b. Rempli de (langage familier) : ……

D. *Stimulations cérébrales*

Être touché par quelque chose (par exemple une maladie) : ……

E. *Le téléphone traducteur*

Provoquer le début d'un phénomène : ……

3. Barrez l'intrus. Expliquez pourquoi vous l'avez barré.

a. chercheur – ingénieur – ~~littoral~~ – institut → Le littoral ne fait pas fait pas partie du thème « Recherche ».

b. mandarin – fruit – mandarine – légumes → ……

c. électrique – électrode – diode – nutriment → ……

d. téléphone – dictionnaire – caméra – ordinateur → ……

e. vitamine – agronomie – cerveau – nutritionniste → ……

4. Complétez les phrases avec les mots de la liste.

l'épilepsie – des lentilles de contact – l'obésité – la posologie – un réseau – stimuler

a. Les électrodes permettent de …… le cerveau et d'arrêter les tremblements.

b. Je n'ai pas pu travailler sur mon ordinateur toute la matinée car le …… était saturé.

c. Je ne porte jamais de lunettes, je préfère mettre des …… .

d. Il était de constitution fragile et faisait souvent des crises d' …… .

e. Beaucoup de médecins s'inquiètent de l'alimentation des jeunes et déplorent le problème de l' …… en France.

f. Il est préférable de regarder la …… avant d'utiliser ce médicament.

Travail avec les pages Ressources

Vocabulaire

• choléra (n.m.) ______	variole (n.f.) ______	virulent (adj.) ______
germe (n.m.) ______	• immunitaire (adj.) ______	• immuniser (v.) ______
pus (n.m.) ______	infectieux (adj.) ______	inoculer (v.) ______
souche (n.f.) ______	plausible (adj.) ______	

C'est à savoir

Raisonner par hypothèses

• **Proposition hypothétique avec *si* :**
se référer à la page 67 du livre de l'élève.

• Expression de **l'hypothèse avec le subjonctif** :
supposons que, à moins que (+ *ne* explétif), *à supposer que, en admettant que, en supposant que, pour autant que, pour peu que*, etc.

• Expression de **l'hypothèse avec le conditionnel :**
au cas où, dans le cas où, dans l'hypothèse où.

1. Mettez au temps qui convient les infinitifs entre parenthèses.

a. Nous nous ferons vacciner à condition que le vaccin ______ (*être*) sûr.

b. Nous partirons en vacances la semaine prochaine pourvu que Pierre ______ (*guérir*) de sa grippe.

c. Dans l'hypothèse où sa recherche ______ (*ne pas aboutir*) à des résultats positifs, faites appel à un autre spécialiste.

d. Nous pourrions contacter notre ami qui vous aidera, à moins que vous ______ (*avoir*) une meilleure solution.

e. Au cas où tu ______ (*aller*) à la librairie, peux-tu me prendre le livre sur Pasteur dont je t'ai parlé ?

f. Il est préférable que tu lui en parles pour peu qu'il ______ (*faire*) un choix irréfléchi.

2. Complétez les phrases avec des expressions de l'encadré « C'est à savoir » qui expriment l'hypothèse.

a. ______ les scientifiques avanceraient dans leur recherche, cette maladie disparaîtrait.

b. On pourra faire des tests de ce vaccin sur des hommes ______ il ait réussi sur les animaux.

c. ______ on vive plus longtemps, ce serait un vrai progrès de la science.

d. Il faudra s'attendre à ce que la grippe H1N1 évolue ______ le virus mute ces prochains mois.

e. Va voir le médecin ______ la fièvre recommencerait.

f. ______ le virus évolue, nous assisterons à une pandémie.

g. ______ il soit atteint de la grippe, il faudra qu'il prenne des congés maladie.

3. **« Si » a plusieurs significations en français. Reformulez ces phrases en supprimant « si » et en utilisant les expressions suivantes.**

à condition que – au contraire – bien que – dans l'hypothèse où – dans le cas où – quand – tellement

a. S'ils étaient seuls, ils dînaient au restaurant.

b. **Si** vous êtes très calme, votre époux est plutôt anxieux.

c. **Si** vous partiez en Afrique, il faudrait vous faire vacciner contre le paludisme.

d. **Si** timide qu'il soit, il trouvera le moyen de s'exprimer en public.

e. Nous ne pourrions pas travailler **si** les enfants n'étaient pas à la crèche.

f. **Si** la science a fait des progrès dans certains domaines, il reste encore des questions non élucidées.

g. Elle est **si** rationnelle qu'elle explique tout à partir d'analyses scientifiques.

h. **Si** Pasteur n'avait pas inventé le vaccin, nous ne pourrions pas soigner les gens.

i. Tu pourrais lui expliquer **si** tu étais encore en contact avec lui.

4. **Anagrammes. Retrouvez des mots du texte page 66 du livre de l'élève à partir des lettres. Aidez-vous des définitions**

a. C – A – I – C – N – V (Jenner l'a inventé) ……………

b. O – H – É – L – C – A – R (maladie infectieuse des pays tropicaux) ……………

c. U – M – N – I – S – R – E – M – I (rendre résistant à une maladie) ……………

d. I – U – F – N – C – E – E – X – T – U (qui provoque une infection) ……………

e. I – O – L – A – R – E – V (maladie infectieuse) ……………

f. B – C – I – M – R – O – E (être vivant invisible à l'œil nu) ……………

g. L – T – I – U – E – V – R – T (contagieux et dangereux) ……………

5. **13** **Travaillez vos automatismes. Confirmez comme dans l'exemple.**

Exemple : Je ne me suis pas arrêtée de fumer. J'ai eu une bronchite.

→ *Si je m'étais arrêtée de fumer, je n'aurais pas eu une bronchite.*

a. Nous ne sommes pas allés à la mer cet été. Nous n'avons pas vu nos amis.

b. Tu n'as pas changé ta voiture. Tu n'as pas profité de la remise de 2 000 €.

c. Antoine n'a pas eu son bac. Il redouble.

d. Tu as refusé le poste de Hong Kong. On est toujours dans notre trois-pièces à Paris.

e. On n'a pas rendu l'invitation des Dubois. Je n'ose plus les appeler.

Travail avec les pages Simulations

Vocabulaire

- anti-inflammatoire (n.m.) ……………
- caverne (n.f.) ……………
- cellule (n.f.) ……………
- chromosome (n.m.) ……………
- déjection (n.f.) ……………
- détracteur (n.m.) ……………
- disjoncteur (n.m.) ……………
- élan (n.m.) ……………
- embryon (n.m.) ……………
- extinction de voix (n.f.) ……………
- hiatus (n.m.) ……………
- insuline (n.f.) ……………

Vocabulaire

membrane (n.f.) ....
métier à tisser (n.m.) ....
particule (n.f.) ....
steppe (n.f.) ....
verrou (n.m.) ....
vigilance (n.f.) ....
• désastreux (adj.) ....
farouche (adj.) ....
moussu (adj.) ....
pitoyable (adj.) ....
• cloner (v.) ....
distiller (v.) ....
exterminer (v.) ....
légiférer (v.) ....
s'évertuer (v.) ....
• à l'instar de (prép.) ....
au profit de (prép.) ....
d'aventure (expr.) ....
tenir la vedette (expr.) ....

1. Relisez le texte page 68 « La renaissance des mammouths » et répondez aux questions.

a. Qu'est-ce qu'un génome peut nous donner comme informations et que peut-on faire de cela ?

b. Quelle est l'opinion des chercheurs Marylène Patou-Mathis et Catherine Hänni sur les travaux relatifs au génome ?

c. Présentez Josh Donlan.

Domicile :

Activités :

Théorie :

d. Présentez Serguei Zimov.

Domicile :

Activité :

Théorie :

e. Selon l'auteur de l'article, pourquoi les Occidentaux pourraient s'intéresser aux théories de ces deux chercheurs ?

2. Relisez « Le point sur... » page 71. Dites si les affirmations suivantes sont vraies ou fausses. Justifiez.

	Vrai	Faux
a. Les Français sont plus pessimistes que les Polonais concernant le progrès de la science.	☐	☐
b. La majorité des Français pense que la science a des conséquences positives sur l'environnement.	☐	☐
c. Beaucoup de Français considèrent que la qualité de vie a baissé depuis 1999-2000.	☐	☐
d. Il y a très peu d'émissions scientifiques à la télévision.	☐	☐
e. En 1985, la France n'a pas été touchée par le nuage radioactif de Tchernobyl.	☐	☐
f. Les médias en France exagèrent les peurs sur les nouvelles technologies déjà présentes parmi les Français.	☐	☐
g. Le principe de précaution permet d'anticiper une éventuelle maladie.	☐	☐
h. Tous les centres de recherche n'ont pas de comité d'éthique. Dans ce cas, le Comité consultatif national d'éthique intervient.	☐	☐

3. 14 Écoutez le document sonore et relevez les arguments pour et contre la vaccination contre la grippe H1N1.

Pour la vaccination	Contre la vaccination

4. Lisez l'article sur l'agriculture et répondez aux questions.

a. Quel est le sujet de l'article ?

b. Quel visage souhaitent donner les chercheurs à l'agriculture ?

c. Qu'est ce que l'Inra ? Qui est Marion Guillou ?

d. Est-ce que ce type de « révolution » dans l'agriculture aura un impact mondial ?

e. Quels sont les problèmes de cette nouvelle agriculture évoqués dans le texte ?

f. Donner quatre exemples de nouvelles pratiques qui pourraient se développer dans l'agriculture et expliquez les avantages.

1.

2.

3.

4.

ENQUÊTE

Comment l'agriculture entend devenir plus verte

Si le constat de l'impasse de l'agriculture productiviste est dressé, l'agriculture de demain n'en est, elle, qu'à ses balbutiements. Dans les laboratoires, les chercheurs dessinent ce qu'ils appellent l'agriculture à haute performance environnementale, qui consiste à modifier les techniques de production en combinant économie, écologie et social. Un colloque de l'Institut national de la recherche agronomique (Inra), mardi 24 février au Salon de l'agriculture de Paris, a permis d'illustrer ce qui devrait changer dans les champs et les étables. Une nouvelle « révolution verte » est en cours. Partout dans le monde, la relation à l'agronomie change, constate l'Inra. « *Nous réenrichissons la bibliothèque des outils utilisables* », résume Marion Guillou, sa présidente.

Associer ou faire tourner les cultures. Faire pousser dans un même champ deux cultures, qu'on mélange dans le semoir, peut avoir plusieurs avantages. En associant au blé une légumineuse (pois protéagineux, féverole, etc.), qui fixe l'azote de l'air, il est possible de réduire l'apport en engrais azoté. Le dispositif permet de baisser les émissions de gaz à effet de serre et l'utilisation d'énergie fossile. Il aide aussi les deux plantes à mieux résister aux maladies. On évite ou on limite le recours aux pesticides, ce qui autorise également la rotation des cultures dans un champ d'une année sur l'autre. L'effet est le même en faisant pousser des haies au bord des vergers, car les insectes prédateurs qu'elles abritent s'attaquent aux pucerons.

En grandes cultures, les chercheurs étudient aussi la piste qui consiste à retarder les semis pour réduire l'utilisation des herbicides. En viticulture, on couvre déjà le sol d'herbe dans le même but.

Dans toutes ces expériences, la productivité n'est pas forcément amoindrie. Mais les paysages, eux, évoluent.

Changer l'alimentation des vaches. Un des principaux problèmes de l'élevage, ce sont ses émissions de gaz à effet de serre, notamment du fait de l'appareil digestif des bovins, producteur de méthane. Il se forme pendant la fermentation microbienne des aliments dans la panse. Le gaz est rejeté dans l'atmosphère par éructation. La voie la plus rapide pour diminuer ces émissions consiste à modifier l'alimentation des vaches, par exemple en ajoutant du lin dans les rations. La sélection génétique en est une autre, ou encore le transfert dans la panse de la flore bactérienne d'un autre herbivore émettant moins de méthane, le kangourou ! Mais le procédé est complexe, et il faudra des années pour savoir s'il peut être appliqué.

Rendre autonomes les exploitations. Avant la mécanisation et la chimie de synthèse, les fermes fonctionnaient en circuit quasi fermé. Les bœufs tiraient la charrue et étaient nourris par la production du paysan. Aujourd'hui, les pistes sont multiples pour gagner en autonomie. Ne pas labourer permet de réduire la consommation de carburant puisque le tracteur passe moins dans les champs, et les moutons peuvent servir de désherbant en période d'interculture.

On pourrait aussi limiter les achats d'alimentation animale en faisant au maximum pâturer les bêtes. Mieux, on pourrait grouper les vêlages en fin d'hiver pour avoir le gros du bétail à nourrir en mai, lors du pic de production d'herbe. Mais les chercheurs ont constaté que cette idée pose des problèmes d'organisation de la reproduction.

Enfin, les déchets des exploitations seront de plus en plus optimisés. En témoigne ce tracteur commercialisé en Autriche qui fonctionne au gaz extrait de lisier et autres déjections animales.

Toutes ces pistes ne s'appliqueront pas qu'aux pays riches, mais à l'agriculture industrielle en général, car dans les pays du Sud aussi la monoculture s'est installée et l'intensification a fait des dégâts, par exemple dans les bananeraies. Néanmoins, pour les petits paysans qui n'utilisent pas de produits chimiques, les recherches en cours (sur la rotation des cultures à laquelle ils n'avaient pas renoncé, etc.) pourraient aussi améliorer la productivité.

Faut-il en conclure que l'agriculture de demain sera celle du passé ? Pas vraiment, mais elle s'en inspire. Il s'agit plutôt d'un mélange de redécouvertes et d'innovations. « *Il y a certes des choses que nous avons eu tort d'oublier. Mais nous n'associons plus les mêmes cultures et nous savons mieux choisir les variétés à mélanger* », explique Jean-Marc Meynard, chef du département Sciences pour l'action et le développement à l'Inra.

Deux interrogations demeurent. Celle du temps qu'il faudra aux chercheurs pour proposer des solutions applicables à grande échelle, alors que les agriculteurs sont prêts à changer dès maintenant de pratiques si la rentabilité est assurée. Et celle du prix des matières premières agricoles, car, si une légère perte de rendement importe peu lorsque les cours sont bas, il en va tout autrement quand ils flambent. Les agriculteurs pourraient alors de nouveau être tentés d'intensifier leur production grâce aux produits chimiques.

Le Monde, 25/02/2009.

Leçon 8

Organisons-nous

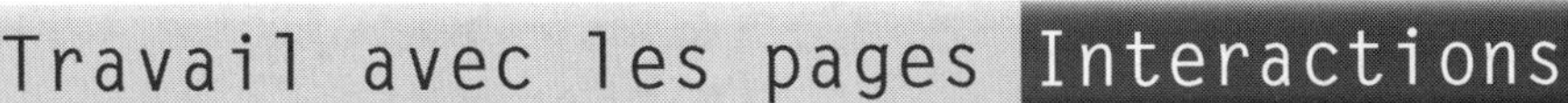

Vous allez apprendre à :

- ☑ décrire un lieu en utilisant des propositions relatives
- ☑ comprendre un texte sur l'architecture et l'urbanisme
- ☑ décrire une organisation spatiale ou sociale

Travail avec les pages Interactions

Vocabulaire

- • biomasse (n.f.) ....
- cahier des charges (n.m.) ....
- coefficient (n.m.) ....
- covoiturage (n.m.) ....
- emprise (n.f.) ....
- friche (n.f.) ....
- géothermie (n.f.) ....
- gratte-ciel (n.m.) ....
- isolation (n.f.) ....
- promoteur (n.m.) ....
- réhabilitation (n.f.) ....
- réticence (n.f.) ....
- séisme (n.m.) ....
- téléphérique (n.m.) ....
- ventilation (n.f.) ....
- • bardé (de) (adj.) ....
- • chapeauter (v.) ....
- paupériser (se) (v.) ....
- pivoter (v.) ....
- préfigurer (v.) ....

1. Relisez les textes page 72 et répondez aux questions.

Le Quartier des temps durables

a. Pourquoi ce nouveau quartier s'appellera-t-il « le Quartier des temps durables » ? À quoi ce nom fait-il référence ?

....

b. Combien d'architectes vont être en charge de ce quartier et comment celui-ci sera-t-il organisé ?

....

c. Pourquoi les architectes ne pourront pas faire tout ce qu'ils veulent ?

....

d. Quels sont les différents projets prévus pour les transports ?

....

Redonner la vie aux vieux quartiers

e. Pourquoi les centres-villes ont eu tendance à s'appauvrir dans les années 1960-1970 en France ?

....

f. Que constatons-nous depuis une trentaine d'années dans les centres-villes ?

....

2. Relevez dans le texte sur le Quartier des temps durables tous les mots qui se rapportent :

a. à l'environnement :

b. à la construction :

c. au paysage urbain :

3. Après avoir relu le texte sur les tours page 73, dites si les affirmations suivantes sont vraies ou fausses. Justifiez.

	Vrai	Faux
a. Les tours prennent moins de place que les immeubles.	☐	☐
b. Les gens ont une mauvaise image des tours car ils pensent à celles qui ont été construites dans les années 1960-1970.	☐	☐
c. La hauteur ne change rien concernant l'isolation, les problèmes sont les mêmes que pour les immeubles.	☐	☐
d. Lors de la construction de la tour Montparnasse, les premières questions environnementales sont apparues.	☐	☐

4. Complétez les phrases avec le lexique qui vous semble le plus approprié.

a. Dans les années 1970, de nombreux .... et de nombreuses .... ont émergé dans différentes capitales du monde. Le quartier d'affaires de la Défense à Paris en témoigne.

b. Ce bâtiment aura des répercussions positives sur l'............ puisqu'il pourra se suffire à lui-même en terme d'énergie et ne fera appel qu'à des énergies ....

c. Certaines voitures sont plus polluantes que d'autres. Si nous voulons diminuer l'............ des gaz toxiques sur l'atmosphère, il faudra développer dans le futur les voitures .... ou bien circuler à .... !

5. De qui/quoi s'agit-il ? Trouvez les mots dans l'article sur le Quartier des temps durables.

a. Il conçoit les plans de nouveaux bâtiments : ....

b. Système d'utilisation en commun d'une voiture pour faire un trajet : ....

c. Aide le conducteur à se repérer sur la route : ....

d. Permet de capter les rayons du soleil pour produire de l'énergie : ....

Travail avec les pages Ressources

Vocabulaire

• édifice (n.m.) ______ • adossé (adj.) ______ radieux (adj.) ______

C'est à savoir

Les propositions relatives

Se référer aux pages 74 et 75 du livre de l'élève.

• **Formation avec *qui, que, où***

• ***Dont* représente un complément de nom ou d'adjectif :**

*Vous voyez les arbres **de ce jardin**. Le jardin appartient à notre résidence.*
→ Le jardin dont vous voyez les arbres appartient à notre résidence.

• ***Dont* représente aussi un complément de verbe introduit par *de* :**

*Vous voyez les bâtiments. Je vous ai parlé **de ces bâtiments**.*
→ Vous voyez les bâtiments dont je vous ai parlé.

• ***Dont* indique une partie d'un tout :**

*Il a construit des immeubles **dont** deux sont absolument magnifiques.*

• ***À qui* (pour les personnes) – *auquel* (*à laquelle, auxquels, auxquelles*) représentent un complément de verbe introduit par *à* :**

Cet article parle d'un problème d'urbanisme. Je m'intéresse à ce problème.
*→ Cet article parle d'un problème **auquel** je m'intéresse.*

• **Préposition (*sur, dans, pour*) + *lequel* (*laquelle, lesquels, lesquelles*) représentent un complément de verbe introduit par une préposition :**

*Voici un nouveau quartier. **Dans** ce quartier, on a construit des immeubles écologiques.*
*→ Voici un quartier **dans lequel** on a construit des immeubles écologiques*

• **Groupes prépositionnels de type *près de, autour de, à côté de, au-dessus de*, etc. + *duquel* (*de laquelle, desquels, desquelles*) représentent un complément de verbe introduit par ces prépositions :**

*On construit de nouveaux immeubles. **Autour de** ces immeubles, il y aura des espaces verts.*
*→ On construit de nouveaux immeubles **autour desquels** il y aura des espaces verts.*

• ***Ce, quelque chose, quelqu'un* + pronom relatif (*qui, que* ou *dont*) :**

*Concevoir de nouveaux quartiers, c'est **ce qui** m'intéresse le plus.*

1. Associez les deux phrases avec le pronom relatif *qui*, *que* ou *dont*.

a. Connaissez-vous Le Corbusier ? L'architecte Le Corbusier a conçu la Cité radieuse à Marseille.

→ ______

b. Notre résidence est un ancien manoir. Nous avons acheté notre résidence en 1999.

→ ______

c. Un architecte français a créé un nouvel immeuble. Cet immeuble ressemble à un paquebot.

→ ______________________________

d. Un nouvel ensemble immobilier va se construire sur l'îlot Séguin à Paris. Tout le monde en parle.

→ ______________________________

e. Les appartements de la Cité radieuse sont organisés sur trois niveaux. 1 600 personnes sont locataires de ces appartements.

→ ______________________________

f. Cet ouvrage d'architecture traite des réalisations Corbusier. L'une des réalisations Corbusier est la Cité radieuse.

→ ______________________________

2. Confirmez les informations. Formulez la phrase différemment.

Exemple : Dans l'article que j'ai lu, on parle de la Cité radieuse de Marseille.

→ *J'ai lu un article* ***dans lequel on parle de la Cité radieuse de Marseille.***

a. Grâce à ces nouveaux bâtiments que la ville a construits, nous pourrons être proches de la nature.

→ La ville a construit de nouveaux bâtiments ______________________________

b. Beaucoup d'appartements modernes sont mal insonorisés. Le mien en fait partie.

→ Beaucoup d'appartements modernes ______________________________

c. Nous nous pencherons sur la question de l'environnement.

→ C'est une question ______________________________

d. Le journaliste consacre son article à un nouveau type d'architecture.

→ C'est un type d'architecture ______________ et ______________

e. J'ai parlé à un journaliste. Il connaît parfaitement l'œuvre Corbusier.

→ C'est un journaliste ______________ et ______________

3. Complétez le texte avec des pronoms relatifs. Choisissez un groupe prépositionnel si nécessaire.

Cet article parle de la Cité radieuse ______________ se trouve au cœur de Marseille, ______________ regroupe plusieurs habitations et ______________ l'architecte Le Corbusier fut l'initiateur. Cette construction originale, ______________ Le Corbusier s'était intéressé depuis longtemps, donne sur un grand boulevard. L'édifice ______________ passe une rue intérieure commerçante est surplombé d'un toit terrasse. Cette grande terrasse, ______________ a été construite une école maternelle, permet aux personnes de se retrouver ou de faire du sport.

4. « à qui » ou « auquel » ? Barrez le pronom relatif inutile.

a. Cet architecte *à qui / auquel* j'ai fait appel est un homme très sympathique et quelque peu original.

b. Tous les ingénieurs *à qui / auxquels* le directeur a fait référence travaillent aujourd'hui pour de grandes firmes industrielles.

c. Ce quartier *à qui / auquel* tu es très attaché a beaucoup changé dans ces dernières années.

d. L'immeuble *à qui / auquel* je pense est situé près de Marseille.

e. Le touriste *à qui / auquel* je me suis adressé était anglais.

5. « ce qui », « ce que » ou « ce dont » ? Placez le pronom correct dans les phrases suivantes.

a. C'est un musée sur l'architecture et le design danois, c'est ______________ je te dis depuis trois heures ! L'entrée était d'ailleurs gratuite la semaine dernière, ______________ j'ignorais. Nous aurions pu y aller.

b. ______________ vous faites est magnifique. Vous devriez proposer vos œuvres à une galerie.

c. ______________ me dérange chez lui, c'est son manque de sincérité et c'est ______________ je t'avais déjà dit.

d. Mes amis m'ont trouvé un logement, ______________ je leur suis très reconnaissant.

e. Mon travail est à l'autre bout de la ville, ______________ ne m'arrange pas du tout !

6. 15 **Travaillez vos automatismes.**

a. Répondez avec *ce qui* ou *ce que*.

Exemple : Tu voudrais lire cet article ? – *Oui, c'est ce que je voudrais.*

1. La question de l'environnement t'intéresse ?

2. Tu aimerais étudier l'architecture ?

3. Le travail de Le Corbusier t'intéresse ?

4. Tu aimerais créer des quartiers écologiques ?

5. Tu désires travailler dans l'urbanisme ?

b. Confirmez comme dans l'exemple.

Exemple : Tu te sens bien dans cette maison ? – C'est une maison dans laquelle je me sens bien.

1. Ce quartier te plaît ?

2. Tu es attachée à cette région ?

3. Tu aimes l'ambiance de cette ville ?

4. Tu as des affinités avec tes voisins ?

Travail avec les pages Projet

Vocabulaire

• allumé (un peu fou) (n.m.) ______________
archipel (n.m.) ______________
assistanat (n.m.) ______________
autogestion (n.f.) ______________
cacahouète ou cacahuète (n.f.) ______________
caste (n.f.) ______________
clan (n.m.) ______________
dalle (n.f.) ______________
défrichage (n.m.) ______________
dérapage (faute) (n.m.) ______________
entité (n.f.) ______________
fronton (n.m.) ______________
galère (difficulté) (n.f.) ______________
mosaïque (n.f.) ______________
potager (n.m.) ______________
prérogative (n.f.) ______________
protectorat (n.m.) ______________
reboisement (n.m.) ______________
tribu (n.f.) ______________
troc (n.m.) ______________
utopie (n.f.) ______________
• fumeux (pas clair) (adj.) (*fam.*) ______________
implicite (adj.) ______________
luxuriant (adj.) ______________
réducteur (adj.) ______________
• annexer (v.) ______________
assujettir (v.) ______________
autogérer (s') (v.) ______________
compromettre (v.) ______________
dispenser (donner) (v.) ______________
embrigader (v.) ______________
incomber (v.) ______________
instituer (v.) ______________
prévaloir (v.) ______________
promulguer (v.) ______________
réguler (v.) ______________
réintégrer (v.) ______________
renflouer (v.) ______________
stipuler (v.) ______________
• alentour (adv.) ______________
âprement (adv.) ______________
formellement (adv.) ______________
• au fil de (prép.) ______________
à l'issue de (prép.) ______________
ficher le camp (expr.) ______________
il ne jure que par (expr.) ______________
prendre en charge (expr.) ______________
prêter à sourire (expr.) ______________

1. **Relisez le texte sur les SEL page 77 du livre de l'élève.**

A. Trouvez les mots du texte à partir des définitions.

a. (1er paragraphe) Quand on veut rétablir une situation financière en remettant de l'argent ou des fonds : ____________

b. (2e paragraphe) Compter les membres d'une population : ____________

c. (2e paragraphe) Synonyme de « difficulté, problème » en langage familier : ____________

d. (2e paragraphe) Système d'échange marchand sans utilisation d'argent : ____________

e. (3e paragraphe) Personne qui est dans une grande difficulté financière et qui ne vit avec presque rien : ____________

B. Relevez et classez par catégories grammaticales (noms, verbes, etc.) les mots du texte qui se rapportent à l'argent.

C. Citez quelques types d'échanges que le SEL propose.

____

____

D. Répondez aux questions.

a. Que signifie une « truffe » dans le contexte du SEL ? ____________

b. Qui est Manuel Aurat ? ____________

c. Comment Félix Grimaldos a-t-il obtenu le permis de conduire ? ____________

d. Quelles valeurs et idées sont mises en avant par le SEL ? ____________

____

2. **Relisez les textes pages 76 et 78. Chacune des affirmations suivantes contient des inexactitudes. Rectifiez les phrases en relevant un passage du texte.**

Auroville : une société idéale

a. Auroville regroupe en majorité des Indiens.

____

b. Auroville se trouve dans l'océan Indien.

____

c. Toutes les personnes peuvent entrer dans cette société mais doivent parler la langue du pays.

____

d. La société d'Auroville est financée par le gouvernement indien.

____

e. Le prix du loyer est adapté au revenu de chaque communauté.

____

f. La société est reconnue dans le monde comme étant une secte.

____

Femmes et hommes dans la société comorienne

g. Les femmes et les hommes sont égaux dans la société comorienne.

____

h. Dans la société comorienne, les femmes ne peuvent pas divorcer sans l'autorisation de leur oncle.

____

i. Les oncles ont la responsabilité de leurs neveux.

____

3. Compléter les textes à l'aide des mots suivants.

a. *loi – État – région – Parlement – monarchie – décret – république*

L'Europe des 27 est constituée de sept .... (Royaume-Uni, Espagne, Suède, Pays-Bas, Luxembourg, Danemark et Belgique) et de vingt .... Les vingt-sept .... membres ont un .... qui vote des .... et des ....

Une grande majorité des Européens pensent que les .... doivent avoir un rôle plus important en Europe.

b. *commune – département – région*

La France est constituée de 22 .... et d'une centaine de .... Les grandes villes et les petits villages sont des .... Il y en a 36 781 en comptant celles d'outre-mer. Les trois plus grandes villes (Paris, Lyon et Marseille) sont divisées en arrondissements. Paris ne forme qu'une seule commune.

c. *capitaliste – libéral – totalitaire – militaire*

Il n'existe pas de régimes .... ni .... dans l'Union européenne, mais des régimes .... et ....

4. Transformez le verbe en un substantif.

Exemple : rejeter une loi → *le rejet d'une loi*

a. Voter aux élections législatives → ....

b. Diriger un pays → ....

c. Conduire une politique → ....

d. Gérer le budget d'un État → ....

e. Gouverner une nation → ....

f. Nommer un ministre → ....

g. Former un gouvernement → ....

5. Relisez « Le point sur... l'Union européenne » page 79 et répondez aux questions.

a. Pourquoi l'idée d'une Europe unie n'est pas nouvelle ?

....

b. Quelles sont les trois principales institutions de l'Union européenne ?

....

c. Où travaille la majorité des fonctionnaires européens ?

....

d. Quelle institution a un rôle législatif ?

....

e. Combien de pays ont signé le traité de Rome en 1957 ?

....

f. Dans quels domaines intervient l'Union européenne aujourd'hui ? Citez quelques exemples.

....

g. Quelle est la différence entre les « souverainistes » et les « fédéralistes » ?

6. 16 **Écoutez le document sonore. Complétez le tableau.**

Qui parle ?	Lieu de travail et institution	Spécialité	Années d'expérience ?	Autres

• Compréhension de l'oral

Reportez-vous aux activités des leçons 5 à 8 : « Écoutez le document sonore. »

[Leçon 5, page 43, exercice 5 - Leçon 6, page 52, exercice 5 - Leçon 7, page 59, exercice 3 - Leçon 8, page 68, exercice 6]

• Compréhension des écrits

Des associations inquiètes des dangers des nanotechnologies

***Lancé** en octobre dernier, le débat public sur ces avancées scientifiques a connu des débuts agités. Le manque de connaissances sur ces innovations fait craindre des risques pour la santé humaine et l'environnement.*

Cela promet d'être le prochain débat majeur de santé publique en France. Alors que les nanotechnologies sont sur le point de débarquer dans notre vie quotidienne, elles suscitent de nombreuses interrogations. Quels risques pour la santé humaine ? Pour l'environnement ? Pour les libertés ? Missionnée par le gouvernement, la Commission nationale du débat public (CNDP) a lancé le 15 octobre dernier un « Débat public sur les options générales en matière de développement et de régulation des nanotechnologies ». Ouvert à tous, il vise à informer les citoyens mais aussi à recueillir leurs opinions sur le sujet.

Un marché potentiel immense

Le terme « nanotechnologies » englobe de nombreuses innovations, dont le seul point commun est leur taille : elles sont 500 000 fois plus petites que l'épaisseur d'un trait de stylo. Une caractéristique qui ouvre de grandes perspectives dans tous les domaines. Des puces invisibles aux nanotubes de carbone qui feront des raquettes de tennis ultra-légères, des nanosondes qui **détecteront plus précocement les cancers** aux nanopoudres qui rendront plus onctueuses les crèmes cosmétiques et les mayonnaises... D'ici à 2015, le marché mondial pourrait atteindre 450 à 1 850 milliards d'euros. Un inventaire réalisé par le « Projet sur les nanotechnologies émergentes » (PEN) recense déjà 1 000 références. Pour ne pas manquer ce virage industriel, la France a lancé en mai dernier son **plan Nano-INNOV**, doté de 70 millions d'euros pour 2009, à destination de la recherche appliquée.

Mais les nanotechnologies sont-elles sans danger pour l'homme ? Rien n'est moins sûr. Une étude britannique récente affirme même que les nanoparticules utilisées en médecine endommagent l'ADN de cellules humaines. « *L'extrême miniaturisation de ces technologies accroît a priori les possibilités de pénétration dans le corps humain ou de diffusion dans l'environnement*, explique Philippe Hubert, directeur des risques chroniques à l'Institut national de l'environnement industriel et des risques (Ineris). *Reste à savoir dans quelle mesure. Il faut donc étudier les nanotechnologies famille par famille, pour évaluer les risques.* »

Le principe de précaution au cœur du débat

Face aux nombreuses questions encore sans réponse, plusieurs associations (Amis de la Terre, France Nature Environnement) montent au créneau pour demander un moratoire sur les nanotechnologies. Au cœur du débat, le fameux principe de précaution. La loi Grenelle 2 prévoit bien l'obligation pour les industriels de déclarer l'utilisation de nanotechnologies. Mais le texte est encore en discussion à l'Assemblée et ne dit rien sur l'étiquetage ou la réglementation. « *Le débat national vise justement à recenser toutes les opinions sur ce sujet*, souligne le professeur William Dab, ex-directeur de la santé et organisateur en 2007 d'un **Nanoforum**. *Une fois que le diagnostic aura été posé, il faudra passer à l'action.* »

En attendant, les réunions du débat public ont déjà donné lieu à plusieurs clashs. Le 1er décembre dernier, une bronca du collectif anti-nano « Pièces et Main-d'œuvre » (PMO) avait même fait annuler la réunion publique de Grenoble. Pour éviter de nouveaux incidents, les organisateurs ont imaginé depuis un nouveau dispositif de réunion. Deux salles seront désormais prévues, permettant en cas de besoin de séparer les intervenants du public, qui devra alors poser ses questions de manière indirecte. Le débat sera par ailleurs retransmis en direct **sur le site Internet de la Commission**, et les internautes pourront intervenir en temps réel. Sept réunions publiques doivent encore avoir lieu, jusqu'à celle du 23 février à Paris, pour que la population puisse se faire entendre. La prochaine se tiendra le 7 janvier à Rennes, autour des nanotechnologies dans l'alimentation.

Thomas Vampouille (*lefigaro.fr*), 17/12/2009

• Compréhension de l'oral

Reportez-vous aux activités des leçons 5 à 8 : « Écoutez le document sonore. »

[Leçon 5, page 00, exercice 5 – Leçon 6, page 00, exercice 5 – Leçon 7, page 00, exercice 6 – Leçon 8, page 00, exercice 6]

• Compréhension des écrits

1. Lisez le texte puis répondez aux questions suivantes.

a. Quel est le sujet de l'article ?

b. Expliquez ce qui caractérise la nanotechnologie.

c. Dans quels secteurs les nanotechnologies sont-elles utilisées ?

d. Pourquoi ces technologies suscitent-elles un débat ? Relevez les arguments du débat.

(1)

(2)

e. À quoi servira le plan nano-INNOV lancé par le gouvernement français ?

f. Comment le principe de précaution sera appliqué dans le cas des nanotechnologies ?

2. Vrai ou faux ? Justifiez par une phrase ou un passage du texte.

	Vrai	Faux
a. Le débat public sur les nanotechnologies concerne uniquement l'alimentation.	☐	☐
b. Il y a eu sept réunions publiques autour de la question des nanotechnologies.	☐	☐

c. La dernière réunion publique aura lieu à Paris. ☐ ☐

d. Pour évaluer le degré de dangerosité, chaque nanotechnologie doit être étudiée par rapport à son propre domaine. ☐ ☐

3. Reformulez d'une autre manière les verbes soulignés.

a. Lancer : –
b. Débarquer : –
c. Susciter : –
d. Englober : –
e. Endommager : –

4. Que signifie l'expression « monter au créneau » dans la phrase suivante :

« Plusieurs associations montent au créneau » :

• Production écrite

Le cinéma de votre quartier, une belle maison qui date des années 1930, va être détruit et laissera bientôt la place à un centre commercial. Vous écrivez une lettre au maire de votre commune pour lui demander de préserver ce bâtiment et le cinéma qu'il abrite.

• Production orale

Vous dégagerez le sujet abordé par le texte.
Vous présenterez votre opinion de manière argumentée et vous la défendrez si nécessaire.

Les non-fumeurs mégotent

Terrasses bâchées, bars à chicha, l'association Droits des non-fumeurs (DNF) dénonce « *les nombreux détournements* » de l'interdiction de fumer dans les lieux publics, dans un rapport adressé à la ministre de la Santé, Roselyne Bachelot, rendu public hier. Si DNF reconnaît « *un recul indéniable de l'exposition à la fumée de tabac dans la majorité des lieux à usage collectif* », elle souligne que les « *contournements* » *de l'interdiction* « *sont nombreux et organisés* ». Sur son site Web, DNF enregistrerait « *une recrudescence des questions autour du tabagisme passif au travail* ». « *On était descendu à 9 % de salariés gênés par le tabagisme au travail, on arrive aujourd'hui à 21 % en moyenne* », affirme l'association. Le 1er février 2010 marquera le troisième anniversaire de l'application de l'interdiction de fumer dans les lieux publics.

Libération, 18/12/2009.

Quelle émotion !

Vous allez apprendre à :

- ☑ exprimer des sentiments et des émotions
- ☑ parler des loisirs et des passions
- ☑ comprendre des textes sur les loisirs

Travail avec les pages Interactions

Vocabulaire

• caoutchouc (n.m.) ______
coussin (n.m.) ______
discipline (n.f.) ______
facette (n.f.) ______
frustration (n.f.) ______
jubilation (n.f.) ______
oseille (n.f.) ______
scooter (n.m.) ______
tête-à-tête (n.m.) ______
• relatif (adj.) ______
• affoler (s') (v.) ______
déguster (v.) ______
enfiler (v.) ______
méditer (v.) ______
s'affairer (v.) ______
se méprendre (v.) ______
vaquer (v.) ______
• à fond (expr.) ______
autant dire que (expr.) ______

1. Qui parle ? Relisez les témoignages pages 90-91 du livre de l'élève et associez les phrases à la personne qui lui correspond.

a. Je fais beaucoup de choses à la fois dans la même journée.
b. Je ne mange pas régulièrement à tous les repas.
c. Je travaille énormément, mes journées de travail dépassent les 10 heures.
d. Je quitte Paris pendant le week-end.
e. Le plus souvent, je pratique mon loisir en solitaire.
f. Je ne pratique mon loisir qu'une fois par semaine.
g. Je pratique mon loisir presque tous les jours.
h. Je pratique parfois mon loisir à l'étranger.
i. Peu de monde connaît ma passion.

1. Corinne
2. Marion
3. Stéphanie
4. Mathilde

2. Remplacez les groupes soulignés par une expression de la liste.

mon truc à moi – débarquer – gérer son stress – vaquer à ses occupations – ne pas en revenir (je n'en reviens pas) – s'occuper de ses affaires – être en tête-à-tête avec quelqu'un

a. J'étais occupée à des tâches quotidiennes quand, à 20 heures, Pierre est arrivé sans nous avertir.
b. Cela m'a beaucoup surprise.
c. J'ai dû rester seule avec lui jusqu'à l'arrivée de Patrick.
d. Pour me détendre, ma façon de faire, c'est de prendre un bon bain chaud en écoutant du Debussy.

3. Complétez le tableau avec le nom ou avec le verbe. ✓

Jubilation	Méditation
jubiler	Méditer
	Déguster
Affolement	dégustation
affoler	Enchaîner enchaînement
	Se méprendre méprise
	Stresser stress
Planter	Prolonger
Plantation	prolongement

4. Que disent-ils dans les situations suivantes ? Choisissez une ou plusieurs expression(s) de la liste. ✓

a. Ça m'a diverti(e) !	**d.** J'étais tout excité(e) !
b. Ça m'a fait plaisir !	**e.** Ça m'a réjoui(e) !
c. Je jubilais !	**f.** Ça m'a délassé(e) !

1. Pour son départ à la retraite, il a reçu un beau cadeau de ses collègues. → b
2. À la fin de sa journée de révision, elle a regardé un film comique à la télévision. → f
3. Des amis qu'il n'a pas vus depuis très longtemps viennent le voir pendant ses vacances. → e
4. Au casino, elle a gagné trois fois, coup sur coup. → c
5. Lucille a enfin accepté de passer une soirée avec lui. → d
6. Pendant son séjour à Paris, il est allé voir de nombreux spectacles. → a

Travail avec les pages Ressources

Vocabulaire

- abattement (n.m.) fatigue
- aigreur (n.f.) joie
- amertume (n.f.) tristesse
- écœurement (n.m.)
- engouement (n.m.) passion/adm.
- entrain (n.m.) bonne humeur
- pitié (n.f.) compassion
- souci (n.m.) contrariété/préoccupation
- éliminer (v.) suprimer
- emballé (p.p.) protégé
- il n'y a pas de quoi + verbe (expr.) de rien

C'est à savoir

Exprimer des sentiments et des émotions

Se référer à la page 93 du livre de l'élève.

1. Mettez les verbes entre parenthèses au temps qui convient.

a. J'ai peur qu'il ne se rende pas compte (*ne pas se rendre compte*) de ce qu'il fait.

b. J'espère qu'il ait (*avoir*) honte de son acte.

c. Nous avons tous regretté que tu n'aies pas pu (*ne pas pouvoir*) rester.

d. Je sais que tu as (*avoir*) beaucoup d'occupations.

e. Je regrette que vous ne veniez pas (*ne pas venir*).

f. Tu doutes qu'il aille (*aller*) lui rendre visite.

g. Nous sommes déçus que vous refusiez (*refuser*) ce poste.

2. Reliez les deux phrases. Utilisez le subjonctif ou l'infinitif.

Exemple : Je regrette. Je ne pourrai pas participer à la conférence.

→ *Je regrette de ne pas pouvoir participer à la conférence.*

Je regrette. Elle ne pourra pas participer à la conférence.

→ *Je regrette qu'elle ne puisse pas participer à la conférence.*

a. J'ai peur. Nous avons oublié d'envoyer les papiers pour l'inscription au stage de voile.

→ J'ai peur que nous ayons oublié ...

b. Il est content. Il part tout le mois d'août en Chine.

→ de partir ...

c. Nous sommes déçus. Il n'a pas réussi son examen.

→ il n'ait pas réussi

d. Il doit aller à cet entretien. Il le faut.

→ Il faut qu'il aille à cet entretien

e. Nous regrettons. Nous ne sommes pas venus te voir à la représentation théâtrale.

→ de ne pas être venus te voir ...

f. Fera-t-elle un stage de yoga pendant les vacances de la Toussaint ? Il ne pense pas.

→ Il ne pense pas qu'elle fera un stage ...

3. Complétez les phrases avec les expressions « *rendre* + adjectif », « *donner* + nom » (avec *du, de la, des*, etc.), « *faire* + nom », ou une expression avec un verbe.

a. Son attitude me fait honte. Je ne supporte pas ce comportement.

b. Cette nouvelle loi rend optimiste. Je pense qu'elle sera bonne pour le pays.

c. Cet homme fait peur. Il est vraiment bizarre.

d. Cette rencontre avec nos amis danois me rend heureuse.

e. Les encouragements et la gentillesse de Patrick me donnent du courage. Je me sens soutenue.

f. La séparation de Philippe et de Julie me donne du souci. Je suis inquiet pour leurs enfants.

4. 17 **Travaillez vos automatismes. Reformulez les phrases comme dans le modèle.**

Exemple : Je regrette. Il n'est pas venu. → Je regrette *qu'il ne soit pas venu*.

a. Il vient pour rien. J'en ai peur. J'ai peur qu'il vienne pour rien.

b. Tu as pris la bonne décision. Nous le souhaitons. Nous souhaitons que tu aies pris....

c. Fera-t-il des progrès ? Je voudrais bien. qu'il fasse des progrès

d. Je suis heureuse. Tu as réussi ton entretien. que tu aies réussi

e. Ils ne viendront pas. Nous le regrettons. qu'ils ne viennent pas

f. Il ne finira pas son année universitaire. C'est regrettable. qu'il ne finisse pas ...

5. 18 **Travaillez vos automatismes. Confirmez comme dans l'exemple.**

Exemple : Il a agi avec courage. → Il a agi *courageusement*.

a. Il a parlé avec modération. modérément.

b. Il a avoué sa faute avec honte. éhontément

c. Il s'est comporté avec fierté. fièrement

d. Il a répondu aux journalistes avec spontanéité. spontanément

e. Il a attendu son ami avec impatience. impatiemment

Travail avec les pages Simulations

Vocabulaire

- • accolade (n.f.)
- affres (n.f.pl.)
- appréhension (n.f.)
- diapason (n.m.)
- effroi (n.m.)
- enjeu (n.m.)
- ferveur (n.f.)
- gaffe (n.f.)
- gradin (n.m.)
- liesse (n.f.)
- prouesse (n.f.)
- revers (n.m.)
- terreau (n.m.)
- torse (n.m.)
- • distendu (adj.)
- élogieux (adj.)
- exacerbé (adj.)
- insipide (adj.)
- livide (adj.)
- pathétique (adj.)
- propice (adj.)
- timoré (adj.)
- • appréhender (v.)
- blêmir (v.)
- discréditer (v.)
- flipper (v.) (*fam.*)
- infléchir (v.)
- jalonner (v.)
- jeûner (v.)
- péter (les plombs) (*fam.*)
- s'extasier (v.)
- se prêter à (v.)
- transgresser (v.)
- tressaillir (v.)

1. Relisez le texte page 95 du livre de l'élève.

A. Dites si les affirmations sont vraies ou fausses. Justifiez votre réponse par un passage du texte.

	Vrai	Faux
a. L'article est rédigé par un ancien footballeur.	☐	☐
b. Au cours d'un match de foot, on ne peut éprouver de vraies émotions que si on est impartial.	☐	☐
c. Les supporters d'un match pensent que leurs encouragements peuvent influencer le résultat final.	☐	☐
d. Certains supporters ne mangent pas avant un match pour rester concentrés.	☐	☐
e. Toutes les personnes passionnées de football expriment en général les mêmes émotions avec la même intensité.	☐	☐
f. Pour les supporters, le football est avant tout une expérience mentale et psychique.	☐	☐

B. Relever les mots qui expriment :

g. les parties du corps : ……………………………………

h. la passion : ……………………………………

2. Trouvez la bonne définition pour chaque phrase proposée.

a. Les supporters ayant perdu le match ont commencé à péter les plombs.

☐ **1.** Ils ont manifesté de la tristesse.

☐ **2.** Ils sont partis très vite.

☑ **3.** Ils sont devenus fous.

b. Quand je lui ai annoncé la nouvelle, elle a blêmi.

☑ **1.** À la nouvelle, elle est devenue toute blanche.

☐ **2.** À la nouvelle, elle s'est mise à crier.

☐ **3.** À la nouvelle, elle a rougi.

c. Ce sont les affres du métier !

☐ **1.** Ce sont les spécialités du métier.

☑ **2.** Ce sont les difficultés du métier.

☐ **3.** Ce sont les avantages du métier.

3. Remplacez les mots en italique par des mots de la liste de vocabulaire ci-dessus.

a. La star a organisé une vente aux enchères d'objets lui appartenant. Ses fans s'y sont rendus avec dévotion. J'en ai vu qui *étaient en admiration* devant un jean usagé !

→ s'extasiaient

b. Pendant la période du ramadan, il *ne mange pas* du lever au coucher du soleil.

→ jeûne

c. Tu veux faire de la politique, tu dois savoir que ta carrière sera *marquée par une succession* d'obstacles. Tes adversaires chercheront à te *calomnier*.

→ te discréditer

d. C'est un anarchiste. Il se plaît toujours à *désobéir* aux règles sociales.

→ transgresser

e. Les commentaires des journalistes ne font qu'*augmenter* les peurs des gens.

→ exacerber

4. Complétez les phrases avec un verbe de la liste.

avoir/donner le trac – être paniqué – avoir le souffle coupé – avoir/donner des sueurs froides – sursauter

a. La prochaine fois que tu viens le soir, préviens-moi un peu avant car en sonnant à la porte hier, à l'improviste, tu m'as donné des sueurs froids.

b. Il est monté au grenier pour chercher un album de photos. Tout à coup, il a sursauté en entendant un bruit derrière lui.

c. Au cirque, en voyant un numéro d'équilibriste, j' ai eu le souffle coupé.

d. Quand l'alarme incendie s'est déclenchée en pleine nuit, j'ai commencé à être panique, je ne savais pas quoi faire.

e. L'acteur va bientôt entrer en scène pour jouer un nouveau rôle. Il a le trac.

5. Lisez « Le point sur... les comportements émotionnels », page 97.

A. Répondez aux questions.

a. Dans quels événements de la vie un Français est-il expansif et exprime-t-il plus ouvertement ses émotions ?

b. Dans quels moments de la vie un Français peut se fait plus discret qu'un Américain, un Anglais ou un Japonais ?

B. D'après le texte, ces réactions correspondent-elles aux tendances comportementales des Français ?

	Oui	Non
c. Quand son assistant lui a dit qu'il avait oublié d'envoyer les documents, il est resté calme et lui a dit qu'il le ferait lui-même.	☐	☐
d. Hier, à la soirée, je n'ai pas parlé avec l'ami américain de Lucas. Pourtant, cet Américain avait l'air sympa.	☐	☐
e. Si quelqu'un me trahissait, je le lui reprocherais immédiatement.	☐	☐

6. 19 Écoutez le document sonore et complétez le tableau.

Quelle est leur plus grande émotion ?

	À quelle occasion ?	Quelles manifestations physiques ?	Sentiments ?
Personne 1			
Personne 2			
Personne 3			
Personne 4			

7. Lisez l'article de *Courrier International*.

Le Parisien sans peine

Arrogant et désagréable, le Parigot ? Allons donc ! Et s'il suffisait de pister le révolutionnaire qui sommeille en lui ? Ou d'apprendre à dire non au bon moment ? Le très sérieux Financial Times s'y est essayé.

Lorsque les Parisiens manquent de politesse à l'égard d'un visiteur, c'est souvent parce qu'ils estiment que celui-ci s'est montré impoli. À Paris règne une étiquette surannée, et il n'est pas rare que de malheureux touristes la piétinent allégrement de leurs baskets blanches. Dès l'âge le plus tendre, le Parisien est censé avoir une tenue vestimentaire, une expression et un comportement impeccables. Or cette gageure les rend rigides, et ricaner des bévues des autres leur permet de se détendre. Les étrangers sont des proies faciles : ignorant les règles de l'art de vivre à la parisienne, ils sont condamnés à dire, porter ou faire ce qu'il ne faut pas.

Le respect de quelques règles essentielles permet de réduire à 40 % l'impolitesse du Parisien. Avant de prononcer le moindre mot, dites *bonjour*. Lors de sa récente apparition dans l'émission américaine de Jon Stewart, *The Daily Show*, la ministre des Finances, Christine Lagarde, a coupé la rafale de questions du présentateur d'un « Bonjour, *first of all* (pour commencer) ». Stupéfait, Jon Stewart lui a répondu en espagnol : « *Hola !* »

Si une conversation s'engage, évitez de parler fort, de sourire et d'utiliser des superlatifs, qui sont interprétés comme autant de marques de niaiserie. En vous séparant de votre interlocuteur, dites toujours « *Au revoir !* ». TOUJOURS ! Après avoir dépouillé une de nos amies, sous la menace d'un revolver, dans l'ascenseur de son appartement, près de la Bastille, son agresseur a pris congé d'elle en lui souhaitant : « *Bonne soirée !* »

À Paris, on ne sert pas un client, on interagit avec lui.

Ne vous promenez pas en tenue de sport, avec un tee-shirt arborant un gros logo ou une casquette sur la tête. Récemment, nous avons croisé dans le métro un homme à l'air étonnamment français coiffé d'une casquette, mais un examen plus attentif a fini par nous révéler qu'il souffrait de troubles mentaux. Mais ne passez pas non plus six heures à vous habiller. Les Parisiens cherchent à être impeccables sans en avoir l'air. Et oubliez les bedaines molles apparentes et les décolletés sur soutien-gorge push-up – en particulier si vous êtes un homme. La Parisienne choisit des vêtements appropriés à sa morphologie, à son âge et à son style. Il n'est qu'un seul domaine de la vie parisienne où aucune règle n'a cours : la conduite automobile.

Un ami américain essaya récemment d'acheter son journal à un kiosque parisien. Le marchand de journaux, ignorant sa main qui lui tendait de l'argent, continua sans broncher à ranger son stock. « *Mais pourquoi ?* » s'est inquiété cet ami plus tard. « *Il ne veut pas de mon argent ou quoi ?* » Eh bien non, il s'en fiche totalement. L'employé de magasin ou le serveur parisien est animé d'une profonde indifférence pour le chiffre d'affaires de l'entreprise où il travaille ou pour le fonctionnement de son système kafkaïen. Il ne « sert » pas un « client » : il est individu en interaction avec un autre individu. Ce qui est en jeu, c'est ce que chacun peut tirer de cette interaction : du respect, du pouvoir ou un petit drame pour faire passer le temps.

Une des explications à ce phénomène est qu'il n'y a pas de flexibilité du marché du travail à Paris. Occuper un emploi précis exige impérativement des qualifications précises, car les employeurs comprennent rarement l'idée de « compétences universelles ». D'où ces légions de Parisiens surqualifiés employés à des postes subalternes qu'ils détestent. De plus, en chaque employé parisien sommeille un révolutionnaire qu'on n'achète pas. Il est utile d'avoir en tête que la quintessence de la forme d'expression collective des Parisiens est la manifestation. On trouve d'ailleurs le même service maussade dans d'autres pays où le capitalisme n'a pas toujours été l'idéologie dominante, comme l'ex-URSS ou Cuba.

Selon l'Office du tourisme de Paris, 20 % des personnes travaillant dans la ville dépendent directement ou indirectement du tourisme. Ce qui ne signifie pas pour autant, aux yeux des Parisiens, qu'il faille se mettre à genoux devant les visiteurs. Pour eux, le proverbe « *Le client a toujours raison* » ressemble trop au vieil adage fasciste italien « *Mussolini a toujours raison* ». C'est pourquoi il est contre-productif d'essayer de presser un serveur parisien. Ce n'est pas votre boy. Sa mentalité est ainsi : plus ils me bousculent, plus je prendrai mon temps. Si vous traitez le serveur en égal (par exemple, en lui demandant conseil sur les vins), il se pourrait qu'il en fasse autant à votre égard.

Grincheux avec tout le monde, y compris entre eux !

Imaginez 2,5 millions de grincheux entassés sur une superficie minuscule derrière le périphérique, vivant les uns au-dessus des autres sur des parquets grinçants datant du xixe siècle. Forcément, l'enfer du Parisien est son voisin ronchon. Et la plus grosse erreur parisienne, que l'un de nous a commise, fut d'acheter une bouteille de porto pour calmer un de ces spécimens – geste que ce dernier s'empressa d'interpréter comme une capitulation, une sorte d'Austerlitz du voisinage.

Ici, c'est en ne vous laissant pas marcher sur les pieds que vous vous ferez respecter. Le *non* habituel du Parisien ne doit jamais être pris pour le *no* moins ambigu en anglais. À Paris, *non* veut dire « Voyons voir ce que tu as dans le ventre ». Plus on met d'emphase sur une réponse négative, plus ça plaît, manifestement. Dans un rayon des Galeries Lafayette, l'un de nous a récemment demandé s'il y avait des écharpes. Réaction : un lent mouvement de tête à 180 degrés accompagné d'un « *Du tout, du tout, du tout* », que l'on peut traduire grossièrement par « Absolument pas, n'y comptez pas, jamais de la vie ». Pourtant, après une courte conversation animée, les écharpes apparurent comme par magie. Persévérez avec dignité, voire, si nécessaire, avec agressivité. À Paris, ne vous avouez jamais vaincu.

Dans la comédie *Bienvenue chez les Ch'tis*, le plus grand succès de l'histoire du cinéma français, on annonce à un postier sa sanction, une mutation depuis sa Provence idyllique vers un endroit horrible. La tête entre les mains, il fait sa première hypothèse : « *Paris !* » Son supérieur secoue la tête avec tristesse : « *Pire que Paris.* » Mais le postier est incrédule : « *Pire que Paris ?* » Les Parisiens sont grincheux avec tout le monde, y compris entre eux. S'ils sont méchants avec vous, ce n'est pas parce que vous êtes étranger. C'est tout simplement parce que, comme le reste de la Terre, vous ne connaissez pas leurs règles.

Pauline Harris et Simon Kuper
Courrier International, n° 985, 17/09/2009.

A. Répondez aux questions.

a. De qui parle-t-on dans cet article ? Cet article parle de l'impolitesse des parisiens.

b. Selon les journalistes, quelle est la chose primordiale pour toute personne qui aborde un Parisien ?

Le respect de quelques règles essentielles, comme dire "Bonjour", de sourire, d'utiliser superlatifs et d'éviter de parler fort

c. Pourquoi les journalistes parlent-ils de la ministre des Finances Christine Lagarde ?

Parce qu'il a coupé les questions du présentateur du show amé[illegible] "The daily show" d'un « Bonjour first of all »

d. Relevez des exemples d'attitudes typiquement parisiennes que les journalistes développent dans leur article.

Les parisiens cherchent d'être impeccables avec de vêtement appropiés à son age, à son style et à sa morphologie.

e. Selon les journalistes, quelle attitude le client doit-il avoir avec un serveur parisien ?

Une attitude d'essayer de presser un serveur parisien est contre-productif.

f. À la fin de l'article, pour quelle raison les journalistes disent « à Paris, ne vous avouez jamais vaincu » ?

La réaction des parisiens face à une attitude considéré impoli par ceux ci se traduira en impolitesse

B. Trouvez les mots à partir des définitions.

• *1er paragraphe*

a. Démodé, vieilli : ....

b. Se moquer de, rire de : ....

• *3e paragraphe*

c. Idiotie, bêtise : ....

• *5e paragraphe*

d. Triste, d'humeur mélancolique : ....

• *7e paragraphe*

e. Qui râle, qui se plaint tout le temps : .... / .... (deux mots)

C. Que signifient les phrases suivantes ? Choisissez la définition correcte.

a. « C'est en ne vous laissant pas marcher sur les pieds que vous vous ferez respecter. »

☐ **1.** C'est en restant poli avec l'autre que vous vous ferez respecter.

☐ **2.** C'est en ne vous laissant pas faire que vous vous ferez respecter.

☐ **3.** C'est en étant agressif que vous vous ferez respecter.

b. « Voyons voir ce que tu as dans le ventre. »

☐ **1.** Voyons si tu as de l'humour.

☐ **2.** Voyons si tu es riche.

☐ **3.** Voyons si tu es courageux.

C'est quoi l'histoire ?

Vous allez apprendre à :

- ☑ comprendre un résumé de film ou de livre
- ☑ comprendre et produire une biographie au passé
- ☑ comprendre des opinions sur un spectacle

Travail avec les pages Interactions

Vocabulaire

- • ange gardien (n.m.) ____
- brocanteur (n.m.) ____
- coup de gueule (n.m.) ____
- déchirure (n.f.) ____
- fourgon (n.m.) ____
- fringue (n.f. *fam.*) ____
- greffier (n.m.) ____
- homosexuel (n.m.) ____
- justicier (n.m.) ____
- médecin légiste (n.m.) ____
- redresseur de tort (n.m.) ____
- sirène (n.f.) ____
- torche (n.f.) ____
- • crapuleux (adj.) ____
- désemparé (adj.) ____
- feutré (adj.) ____
- fringant (adj.) ____
- inextricable (adj.) ____
- tutélaire (adj.) ____
- véreux (adj.) ____
- • assigner (v.) ____
- chevaucher (se) (v.) ____
- émanciper (s') (v.) ____
- sillonner (v.) ____
- téléporter (se) (v.) ____
- • avoir le vent en poupe (expr.) ____
- n'avoir qu'à bien se tenir (expr.) ____

1. Relisez le texte pages 98-99 du livre de l'élève et répondez aux questions.

a. Dans l'opinion générale, qu'est-ce qui distingue les séries américaines des téléfilms français ?

____

b. Citez trois noms de chaînes de télévision françaises.

____

c. Pourquoi des millions de Français ne regardent pas le Journal de 20 heures ?

____

d. Cochez les adjectifs qui caractérisent le téléfilm policier « Boulevard du palais ».

☐ violent ☐ intimiste ☐ psychologique ☐ réaliste
☐ rythmé ☐ spectaculaire ☐ survolté ☐ documenté

e. Pour quelles raisons le téléfilm « Plus belle la vie » est-il un succès ? Donnez trois raisons.

____

____

____

f. Dans la série « Louis la Brocante », quelles sont les personnes qui contrarient Louis dans ses actions ?

____

2. Relisez le résumé des séries. Trouvez les mots qui correspondent aux définitions suivantes :

• **« Boulevard du Palais »**

a. Arme à feu = ……………………

b. Au plus fort de = ……………………

c. Silencieux, discret = ……………………

d. Qui reste suspendu au-dessus = ……………………

e. Vif = ……………………

f. Qui n'a plus d'illusion = ……………………

g. Volontaire, têtu = ……………………

• **« Plus belle la vie »**

h. Devenir indépendant = ……………………

i. Malhonnête, corrompu = ……………………

j. Bizarre, qui paraît malhonnête = ……………………

• **« Joséphine, ange gardien »**

k. Qui joue un rôle de protecteur = ……………………

l. Ordonner = ……………………

m. Parcourir dans tous les sens = ……………………

n. Qui ne sait plus que faire = ……………………

o. Embrouillé, qu'on ne peut résoudre = ……………………

p. Vive protestation = ……………………

3. Que signifient ces expressions ? Associez chacune d'elles avec la définition correcte.

a. Avoir le vent en poupe
- ☐ **1.** Gagner beaucoup d'argent très rapidement
- ☐ **2.** Débuter dans un domaine, être novice
- ☐ **3.** Être dans une période de réussite

b. Bien de chez nous
- ☐ **1.** Qui correspond à nos traditions, typique
- ☐ **2.** Qui s'oppose à notre culture
- ☐ **3.** Qui est aimable, accueillant

c. À bout de bras
- ☐ **1.** Agressivement
- ☐ **2.** Avec le bras tendu
- ☐ **3.** Sans se soucier des autres

d. N'avoir qu'à bien se tenir
- ☐ **1.** Ne pas bouger
- ☐ **2.** Bien se comporter
- ☐ **3.** Perdre de l'influence

4. Barrez l'intrus.

a. Série – téléfilm – émission – télévision – cinéma

b. Louche – naïf – crapuleux – véreux – malhonnête

c. Pessimiste – dépressif – fringant – désabusé – sombre

Travail avec les pages Ressources

Vocabulaire

• capitulation (n.f.)	monarchiste (n.m.)	proclamer (v.) ....
clavecin (n.m.)	natte (n.f.)	railler (v.) ....
manufacture (n.f.)	• encercler (v.)	se fourrer (v.) *(fam.)* ....

C'est à savoir

Le récit au passé

Se référer à la page 101 du livre de l'élève.

1. Barrez les formes verbales incorrectes.

Exemple : Eugène Ionesco *est né* – ~~*naissait*~~ – *naquit* en Roumanie le 26 novembre 1909.

a. L'histoire *commençait* – *commença* – *a commencé* l'hiver dernier. Quand il *arrivait* – *arriva* – *est arrivé* au village, tout le monde *se méfiait* – *s'est méfié* – *se méfia* immédiatement de lui.

b. Nous savons que Picasso *aimait* – *a aimé* – *aima* beaucoup les femmes. Il *s'est marié* – *se mariait* – *se maria* plusieurs fois.

c. François Mitterrand *devenait* – *devint* – *est devenu* président de la République en 1981 et *a été* – *était* – *fut* réélu en 1988.

d. En 2006, l'Union européenne *comptait* – *a compté* – *compta* vingt-cinq États membres. En 2007, la Bulgarie et la Roumanie *entraient* – *sont entrées* – *entrèrent* dans l'Union européenne.

e. Mérimée *écrivait* – *a écrit* – *écrivit* sa nouvelle *Carmen* en 1845. À cette époque-là, il *était* – *a été* – *fut* inspecteur des Monuments historiques.

2. Mettez les verbes entre parenthèses au passé simple.

a. Le poète Guillaume Apollinaire (*combattre*) .... durant la Première Guerre mondiale. Il (*mourir*) .... en 1918.

b. Après la réélection de Jacques Chirac, la durée du mandat présidentiel (*changer*) .... et (*être réduit*) .... à cinq ans.

c. Louis Pasteur ne (*connaître*) .... la gloire qu'à la fin de sa vie.

3. **Reliez les phrases en exprimant l'antériorité, la postériorité ou la simultanéité avec les expressions entre parenthèses.**

Exemple : a. ***Avant qu'****il se lance dans une carrière littéraire, Victor Hugo a fait des études de mathématiques.*

À propos de Victor Hugo

a. Victor Hugo a fait des études de mathématiques. Puis il s'est vraiment lancé dans une carrière littéraire. (*avant que*)

b. La fille de Victor Hugo s'est noyée accidentellement dans la Seine. Ensuite, Victor Hugo a écrit le poème « Demain, dès l'aube ». (*après que*)

c. L'écrivain s'est présenté trois fois à l'Académie française. Puis il a enfin été élu. (*avant que*)

d. La Commune de Paris a éclaté. Victor Hugo était en Belgique. (*au moment où*)

e. Napoléon III fait son coup d'État. Victor Hugo quitte la France. (*après que*)

f. Il écrit *Les Misérables*. À ce moment-là, il est en exil. (*alors que*)

4. **Remplacez les verbes soulignés par des verbes au passé simple ou à l'imparfait selon le contexte.**

Les premières années de l'écrivain Marguerite Duras

a. Marguerite Duras, de son vrai nom Marguerite Donnadieu, naît le 4 avril 1914 à Gia Dinh, une ville de la banlieue Nord de Saigon. Lorsque son père Émile meurt en France, la jeune Marguerite vit toujours à Saigon. Deux ans plus tard, en 1923, sa mère s'installe avec ses trois enfants à Vinh Long, une ville située dans le delta du Mékong.

b. Marguerite Donnadieu passe toute son enfance au Vietnam. En 1932, alors qu'elle vient d'obtenir son baccalauréat, elle quitte Saigon et vient s'installer en France pour poursuivre ses études. Elle obtient en 1936 une licence en droit.

c. Cette même année, elle rencontre un certain Robert Antelme qu'elle épousera en 1939. En 1943, Marguerite et Robert Antelme déménagent et s'installent au 5 rue St-Benoît, à Paris, dans le quartier de St-Germain-des-Prés. Robert Antelme et Dionys Mascolo se lient d'une profonde amitié et avec Marguerite entrent dans la résistance. En parallèle, Marguerite Donnadieu publie un premier ouvrage sous le pseudonyme de Marguerite Duras : *Les Impudents*.

d. L'année suivante, elle passe chez Gallimard et fournit son deuxième ouvrage, *La Vie tranquille*. 1944 est l'année qui marque l'arrestation de son mari Robert, déporté à Dachau. Marguerite s'inscrit alors au PCF, le Parti communiste français. À la Libération, Robert Antelme est libéré dans un état critique, il rejoint son épouse dans son domicile parisien. En 1947, Marguerite Duras divorce et se remarie avec Dionys Mascolo dont elle aura rapidement un enfant prénommé Jean.

5. **Complétez les grilles.**

a. Instrument de musique :

		a					n

b. Qui travaille dans une usine :

	u					

c. Établissement industriel, grande fabrique :

	a								r	

d. Local où est placée la police, commissariat :

		s		

e. Claquement de mains pour féliciter quelqu'un

	p					d								t

6. 20 **Travaillez vos automatismes.**

Exemple : Il t'a dit la vérité ? – *Non, il ne me l'a pas dite.*

a. Il t'a acheté des fleurs ? Non, il ne me les a pas achetées

b. Tu as entendu les dernières nouvelles ? Non, je ne les ai pas entendues

c. Il a ouvert la fenêtre ? Non, il ne l'a overté.

d. Tu as offert des chocolats à ta nièce ? Non, je ne l'ai

e. Tu lui as offert cette revue d'Histoire ? Non, je ne l'ai pas lui offerte

f. Il t'a parlé de Sophie ? Non, il n'a parlé pas d'elle.

g. Tu l'as vu hier ? Non, je ne l'ai pas vue hier

h. Ils t'ont donné leur adresse ? Non, ils ne me l'ont donné

Travail avec les pages Projet

Vocabulaire

• basilique (n.f.) ....

bienséance (n.f.) ....

dévotion (n.f.) ....

fibre maternelle (n.f.) ....

maison de tolérance (n.f.) ....

mélodrame (n.m.) ....

môme (n.m./f.) ....

nougat (n.m.) ....

quiproquo (n.m.) ....

sanglot (n.m.) ....

sarcasme (n.m.) ....

taudis (n.m.) ....

veine (n.f.) ....

• chétif (adj.) ....

cocasse (adj.) ....

coquet (adj.) ....

décalé (adj.) ....

déchirant (adj.) ....

déjanté (adj.) ....

longiligne (adj.) ....

loufoque (adj.) ....

prématuré (adj.) ....

réincarné (adj.) ....

saugrenu (adj.) ....

sensuel (adj.) ....

squelettique (adj.) ....

• bouder (v.) ....

choyer (v.) ....

décaper (v.) ....

dévorer (v.) ....

galvaniser (v.) ....

piétiner (v.) ....

• a priori (adv.) ....

faire la manche (expr.) ....

faire salle comble (expr.) ....

faire voler en éclats (expr.) ....

pour ce qui est de (expr.) ....

s'emmêler les pinceaux (expr.) ....

sans queue ni tête (expr.) ....

tiré au cordeau (expr.) ....

tourner en dérision (expr.) ....

1. Relisez les textes pages 102 et 104 du livre de l'élève et dites si les affirmations sont vraies ou fausses. Puis justifiez avec un passage du texte.

	Vrai	Faux
• *La Môme*		
a. Avant le film *La Môme*, Marion Cotillard était une inconnue.	☐	☐
b. Le film d'Olivier Dahan est une comédie.	☐	☐
c. La mère du père d'Édith Piaf était d'origine kabyle.	☐	☐

	Vrai	Faux
d. Piaf a vécu en Algérie quand son père était à la guerre.	☐	☐
e. Le père de Piaf faisait des spectacles de rue.	☐	☐
f. Théo Sarapo est mort le 10 octobre 1963.	☐	☐
g. C'est Georges Moustaki et Ginou Richer qui ont lancé Piaf.	☐	☐
• La Cantatrice chauve		
h. Jean-Luc Lagarce fut le premier à mettre en scène *La Cantatrice chauve* de Ionesco.	☐	☐
i. François Berreur a changé la version de J.-L. Lagarce en recréant quelque chose de nouveau et d'original.	☐	☐
j. Nous pouvons voir cette pièce actuellement à Paris au Théâtre de la Huchette.	☐	☐

2. Barrez les mots de trop.

Exemple : Cette pièce est extraordinaire ~~et mauvaise~~, les comédiens jouent très bien.

a. J'adore les comédies de Molière, il y a toujours des scènes cocasses ~~et cruelles~~, on rigole beaucoup.

b. La pièce de Ionesco a quelque chose d'extravagant, ~~de sage~~ et de saugrenu. Ce n'est pas pour rien que nous appelons son théâtre le théâtre de l'absurde.

c. Je suis sortie du cinéma troublée. Le film était très émouvant et a suscité chez moi beaucoup d'émotions ~~et de distanciation~~.

d. Ce spectacle nous tient en haleine jusqu'au bout ! Quel suspense, quelle attente angoissée, ~~quelle succession de clichés~~ !

e. Les tragédies s'opposent aux comédies en ce qu'elles traitent de sujets graves, tragiques, ~~décalés~~ et sérieux.

3. Trouvez la bonne définition aux expressions suivantes :

a. Faire la manche
- ☐ **1.** Apprendre le métier de couturière
- ☐ **2.** Chanter dans la rue
- ☑ **3.** Demander de l'argent dans la rue

b. Faire voler en éclats
- ☑ **1.** Remettre en question, casser quelque chose d'établi
- ☐ **2.** Commencer un nouveau métier
- ☐ **3.** Déménager, changer de lieu de vie

c. S'emmêler les pinceaux
- ☐ **1.** Avoir mauvais goût
- ☐ **2.** Ne pas être franc, hypocrite
- ☑ **3.** Être confus, mélanger tout

d. Sans queue ni tête
- ☐ **1.** À qui il manque quelque chose
- ☑ **2.** Qui n'a pas de sens, absurde
- ☐ **3.** Qui n'est pas intelligent, idiot

4. Lisez « Le point sur... le théâtre », page 105, et répondez aux questions.

A. Les phrases suivantes peuvent-ils caractériser les théâtres en France ? Trouvez une justification dans le texte.

1. Ils sont nombreux. ...
2. Ils sont aidés par les pouvoirs publics. ...
3. Ils sont tous concentrés à Paris. ...
4. Les troupes de théâtre sont mobiles pendant l'été. ...

B. À quelle tendance du théâtre français citée dans le texte correspondent les phrases suivantes ?

1. La pièce remet en question nos idées reçues sur la période de l'Occupation.
...
2. Les portes claquent. Les personnages entrent et sortent. Chaque réplique fait mouche.
...
3. C'était curieux, la pièce se jouait dans les couloirs d'un immeuble de banlieue. Il fallait monter des escaliers, prendre l'ascenseur...
...
4. J'ai davantage apprécié la pièce que quand je l'avais étudiée à l'école.
...
5. On rit beaucoup. Il y a des rebondissements à chaque seconde.
...
6. Il y a une très grande modernité dans le personnage d'Antigone.
...

5. 21 Écoutez le document sonore et complétez le tableau.

	Points positifs de la pièce	Points négatifs de la pièce	Autres remarques
Spectateur 1			
Spectateur 2			
Spectateur 3			
Spectateur 4			

Théâtre de l'Odéon - Paris

Saison 2007-2008

L'École des femmes (création) de MOLIÈRE

mise en scène **JEAN-PIERRE VINCENT**

dramaturgie : **Bernard Chartreux**

scénographie : **Jean-Paul Chambas**

lumières : **Alain Poisson**

costumes : **Patrice Cauchetier**

maquillage : **Suzanne Pisteur**

avec :

Arnolphe : **Daniel Auteuil**

Oronte : **Jean-Jacques Blanc**

Chrysalde : **Bernard Bloch**

Georgette : **Michèle Goddet**

Le Notaire / Enrique : **Pierre Gondard**

Alian : **Charlie Nelson**

Agnès : **Lyn Thibault**

Horace : **Stéphane Varupenne**

Production : Studio Libre – Odéon-Théâtre de l'Europe
Tournée en France : janvier-février 2009

Depuis 1977, tous les dix ans ou peu s'en faut, Jean-Pierre Vincent se fixe un rendez-vous avec Molière. Après *Le Misanthrope*, après *Les Fourberies de Scapin* marquées par l'interprétation de Daniel Auteuil (1990), dix ans après *Tartuffe*, le voici qui retrouve Auteuil pour lui confier le rôle principal d'« une aurore de théâtre et d'humanité » qui est la première attaque de grande portée lancée par Molière contre certains mécanismes de pouvoir – d'ailleurs toujours actuels, et aussi actifs que jamais. Arnolphe veut en effet croire qu'il peut manipuler à volonté la nature féminine en la formant à sa guise. Ou plutôt en la déformant, puisque l'« éducation » qu'Arnolphe réserve à Agnès, n'étant qu'une sorte d'élevage, est la négation même de l'éducation. À ses yeux, l'autorité absolue du tuteur doit tenir toute la place où devrait s'inscrire l'autonomie et la liberté de sa pupille. Coupée du monde, Agnès ne serait ainsi qu'une marionnette pour ventriloque. Arnolphe devra admettre que la matière de l'humanité n'est pas qu'une sorte de pâte à modeler passive. Et le vieux tyran apprendra aussi à ses dépens que si l'on veut chasser le monde par la porte, il rentrera par la fenêtre. À moins, tout simplement, qu'il ne soit déjà dans la place...

Rire

À propos de *L'École des femmes*, on peut aligner beaucoup d'analyses et de lectures, savantes, philologiques, historiques, polémiques et politiques. Et nous l'avons fait, bien sûr. Et puis nous voici en répétitions, et la pièce déroule tout cela devant nous comme un tapis, avec une simplicité proprement effarante. « Un trésor est caché dedans » : c'est de l'intérieur du texte (et des actions qu'il suppose) que surgissent tour à tour et s'enchevêtrent les éléments imprévisibles du sens : tour à tour, débats de fous, prises de parti, récits, monologues ou soliloques, quiproquos, méprises comiques ou tragiques...

Mais ce qui est et reste au centre, c'est RIRE. Oui, rire, simplement, appuyés sur la fable géniale de Molière.

Rire est une arme. Rire, ici, est en soi politique.

Aujourd'hui, le théâtre (je veux dire : le théâtre d'Art, notre théâtre) s'est laissé voler le rire, qui est parti du côté des « one man/woman shows » et de la télévision. La pente de l'époque va au tragique, comme si le théâtre se sentait pétrifié dans l'unique vocation de concurrencer le réel sur son propre terrain. « Le monde est un chaos » est un slogan qu'on entend beaucoup au théâtre. La redondance guette, et frappe bien des spectacles. Revenir au rire relève alors de l'opération santé. On ne rit que de ce que l'on comprend. On peut trembler de ce qu'on ne comprend pas. Le rire est intelligence.

Ce voyage du côté du rire, nous l'avons déjà fait bien des fois. Nous avons aussi exploré d'autres chemins. Mais quand une occasion telle que celle-ci se présente, nous essayons de ne pas la louper.

Au fond, toute ma première culture, celle de l'adolescence, est passée par là, toute l'histoire du rire en ce XXe siècle. Les « muets » (Keaton, Chaplin, Langdon) et leurs frères parlants (Laurel & Hardy, W.C. Fields, Marx Brothers), les de Funès et les Devos, et tous ceux que j'oublie et qui m'ont formé, ils nous auront tous, à un moment ou à un autre, rendu visite en répétitions. Compagnons, fils et frères du jeune maître Poquelin qui, dans cette « École », lâche vraiment pour la première fois la bride à son génie comique, son rire absolu, libérateur.

Jean-Pierre Vincent, décembre 2007
L'École des femmes / 24 janvier › 29 mars 2008
Revue de presse – Théâtre de l'Odéon – Paris

6. Lisez le document ci-contre.

Aide à la lecture

– *Maître Poquelin* : Molière, de son vrai nom Jean-Baptiste Poquelin.

– *Soliloque* : monologue, discours d'une personne qui se parle à elle-même.

– *Ventriloque* : personne qui sait parler sans remuer les lèvres et avec le ventre, illusionniste.

A. Associez les mots et les définitions.

8	**a.** Selon son désir, comme il le veut	h	**1.** Lâcher la bride
7	**b.** Personne chargée de veiller sur un mineur	g	**2.** Redondance
4	**c.** Orphelin(e) en tutelle	f	**3.** Effarant
6	**d.** Matière molle avec laquelle on peut réaliser des formes ou des objets ; au sens figuré, personne sans caractère, faible	c	**4.** Pupille
5	**e.** Se mêle, se croiser	e	**5.** S'enchevêtrer
3	**f.** Stupéfiant, incroyable	d	**6.** Pâte à modeler
2	**g.** Répétition	b	**7.** Tuteur
1	**h.** Laisser libre	a	**8.** À sa guise

B. On vous a donné deux billets pour la pièce dont vous avez lu le dépliant. Vous téléphonez à un(e) ami(e) pour lui proposer le second billet.

a. Donnez-lui les informations pratiques.

Je te propose d'aller ensemble au théâtre l'Odéon le samedi prochain ma mère m'a donné deux billets pour la L'école des femmes, la célèbre pièce de Molière.

b. Faites-lui part de ce que vous avez appris sur l'intrigue.

La pièce présente Arnolphe, un tuteur convaincu de pouvoir manipuler les femmes, qui croit être l'autorité absolu pour éduquer Agnès sa pupile. Cependant il apprendra une leçon importante

c. Mettez en valeur l'originalité du spectacle.

La ressource du rire pour critiquer certains mecanismes de pouvoir.

d. Parlez-lui du metteur en scène.

Jean-Pierre Vincent, le metteur en scène de la pièce, se fixe un rendez-vous avec Molière, depuis 1977 tous les dix ans.

e. Selon Jean-Pierre Vincent, quel est le défaut du théâtre d'aujourd'hui ? Comment expliquer ce défaut ?

Selon lui, le théâtre d'aujourd'hui rivalise le réel.

On en parle

Vous allez apprendre à :

☑ exprimer des significations, mettre en relation
☑ placer correctement les adjectifs qualificatifs
☑ comprendre des critiques littéraires et artistiques

Travail avec les pages Interactions

Vocabulaire

- • anonymat (n.m.) ....
- bribe (n.f.) ....
- chansonnier (n.m.) ....
- déballage (n.m.) ....
- diffamation (n.f.) ....
- empathie (n.f.) ....
- insolence (n.f.) ....
- menottes (n.f.pl.) ....
- outrance (n.f.) ....
- présomption (d'innocence) (n.f.) ....
- sillage (n.m.) ....
- • profane (adj.) ....
- • bafouer (v.) ....
- diffamer (v.) ....
- disculper (v.) ....
- entamer (v.) ....
- invectiver (v.) ....
- menotter (v.) ....
- renchérir (v.) ....
- scénariser (v.) ....
- • au détriment de (expr.) ....
- avoir gain de cause (expr.) ....
- du moins (adv.) ....
- forcer le trait (expr.) ....
- franchir les bornes (expr.) ....
- il n'y a pas de fumée sans feu (expr.) ....
- qu'à cela ne tienne (expr.) ....
- se faire prier (expr.) ....

1. Relisez les textes pages 106-107 du livre de l'élève et choisissez l'affirmation la plus exacte.

a. ☐ **1.** Lors de sa revue de presse, Jacques Mailhot a parlé du préfet de Mont-de-Marsan, celui-ci se sentant attaqué a quitté la salle.
☐ **2.** Nicolas Sarkozy a été l'un des sujets de la revue de presse du chansonnier Jacques Mailhot lors d'un spectacle à Mont-de-Marsan.
☐ **3.** Le préfet de Mont-de-Marsan, opposant politique de Nicolas Sarkozy, a préféré quitter la salle car le chansonnier Jacques Mailhot avait défendu Nicolas Sarkozy.

b. ☐ **1.** Selon Jacques Mailhot, la caricature est le propre de la politique en général.
☐ **2.** Selon Jacques Mailhot, la caricature est inséparable du jeu démocratique mais elle a des limites.
☐ **3.** Selon Jacques Mailhot, Jean-François Copé ne sait pas que la caricature fait partie de la politique.

c. ☐ **1.** Andy Warhol avait prédit en 1968 que la télévision serait le moyen de livrer ses secrets à des millions de spectateurs.
☐ **2.** En 1968, Andy Warhol disait que chacun de nous pouvait avoir son quart d'heure de célébrité.
☐ **3.** Andy Warhol pensait que dans l'avenir toute personne pourrait avoir son quart d'heure de célébrité.

d. ☐ **1.** Les Français aiment les émissions où des personnes se confient à l'écran, qu'elles soient connues ou inconnues.
☐ **2.** Les spectateurs qui regardent les émissions de Mireille Dumas et de Jean-Luc Delarue sont au nombre de 3,5 millions.
☐ **3.** L'émission de Mireille Dumas peut être regardée sur France 2.

e. ☐ **1.** Parmi les médias, seule la télévision met au premier plan l'émotion plutôt que l'analyse.

☐ **2.** Les médias ne s'intéressent plus à l'analyse.

☐ **3.** La télévision est l'un des médias qui se distingue le plus par le fait qu'elle privilégie l'émotion à l'analyse.

2. Complétez le tableau.

Un artiste		Artistique
Un humoriste		
Un comique		
	La politique	
		Journalistique
	Le spectacle	
Un coupable		

3. Associez les mots qui correspondent aux définitions.

a. Accentuer, augmenter
b. Innocenter quelqu'un
c. Gagner un procès ou un débat
d. Exagérer
e. Commencer quelque chose
f. Aller au-delà des limites

1. Entamer
2. Renchérir
3. Avoir gain de cause
4. Dépasser les bornes
5. Forcer le trait
6. Disculper

4. Cochez la bonne explication aux phrases proposées.

a. Il a accepté notre invitation sans se faire prier.

☐ **1.** Il a accepté malgré son anticléricalisme.

☐ **2.** Il a accepté sans qu'on insiste.

☐ **3.** Il est venu chez nous après s'être confessé.

b. Il y a une grève générale des transports annoncée pour demain. Qu'à cela ne tienne, je viendrai à vélo.

☐ **1.** Je viendrai à vélo malgré la grève des transports.

☐ **2.** C'est grâce à la grève que je viendrai à vélo.

☐ **3.** Je prendrai mon vélo pendant la grève.

c. Il n'y a pas de fumée sans feu et vous le savez très bien !

☐ **1.** Vous connaissez parfaitement l'histoire.

☐ **2.** Vous savez que ce n'est pas totalement innocent.

☐ **3.** Vous savez que l'être humain est en progrès constant.

Travail avec les pages Ressources

Vocabulaire

- • acception (n.f.)
- alouette (n.f.)
- archétype (n.m.)
- chandelier (n.m.)
- coupole (n.f.)
- lis (n.m.)
- plâtre (n.m.)
- réséda (n.m.)
- tonnelle (n.f.)
- • humble (adj.)
- obsédant (adj.)
- sempiternel (adj.)
- • attester (v.)
- chanceler (v.)
- concrétiser (v.)
- dénoter (v.)
- écailler (v.)
- incarner (v.)
- palpiter (v.)
- personnifier (v.)
- recéler (v.)
- se référer (à) (v.)

C'est à savoir

La place de l'adjectif

■ Après le nom

– Si l'adjectif est monosyllabique ainsi que le nom qu'il qualifie. → *Un film court.*

– Si l'adjectif est polysyllabique mais que le nom est monosyllabique.
→ *Un film merveilleux.*

– Si l'adjectif exprime une forme, une qualité physique, une nationalité, une religion, une couleur.
→ *Une table ronde, un tissu indien, un pays protestant, un manteau blanc.*

– Si l'adjectif a la forme d'un participe ou d'un adjectif verbal.
→ *Un texte amusant, une histoire compliquée.*

■ Avant le nom

– Si c'est un adjectif numéral. → *La cinquième fois, le premier amour.*
– Si c'est un adjectif monosyllabique qui qualifie un nom polysyllabique.
→ *Un gros dictionnaire.*

– Quelques adjectifs courts et fréquents se placent avant le nom : *petit, joli, bon, grand, mauvais, nouveau, dernier, beau.*
→ *Un bon élève, un nouveau téléfilm.*

■ Certains adjectifs peuvent donner un sens différent au nom selon leur place :
grand, jeune, dernier, petit, triste, pauvre, certain, curieux, simple, sacré, ancien, etc.

→ *Un homme grand* (= un homme qui est grand de taille) ; *un grand homme* (= un homme célèbre, important dans l'histoire) – *mon ancienne maison* (= la maison où j'habitais avant) ; *ma maison ancienne* (= ma maison qui a été construite il y a longtemps) – *un simple journaliste* (= ce n'est qu'un journaliste) ; *un journaliste simple* (= un journaliste qui fait preuve de simplicité).

1. Barrez l'adjectif en trop.

a. C'est un *pauvre* homme *pauvre*, il n'avait aucun ami, aucune famille et il avait été abandonné de tous.

b. Nous avons vu un *beau* film *beau* la semaine dernière. C'est un *extraordinaire* film *extraordinaire*, je vous le conseille.

c. Cela fait la *troisième* fois *troisième* que je vais voir une exposition de Chagall.

d. L'ouverture en 2009 du *nouveau* musée *nouveau* de Berlin est un *grand* événement *grand*.

e. Marc Chagall est un *russe* peintre *russe* qui a vécu à Paris.

f. Je dois dire qu'il a réalisé une *déconcertante* œuvre *déconcertante*.

g. Il s'est retrouvé dans une *difficile* situation *difficile* après son exil en France.

h. C'est un *sacré* artiste *sacré*, tous les critiques le disent.

2. Placez dans chacune des phrases les adjectifs entre parenthèses à la place qui convient et accordez-les.

Exemple : (*magnifique*) C'est une histoire **magnifique**.

a. (*célèbre*) Il fait partie des **hommes** qui marqueront (*dernier*) ces **décennies**.

b. (*jeune*) C'était un **artiste** quand il arriva en France. (*différent*) Mais il apportait déjà une **vision** de l'art pictural.

c. (*typique*) C'est une **maison** de (*français*) l'**architecture** du XVIIe siècle.

d. (*rouge*) Ce **palais** que vous apercevez sur l'avenue a été construit dans (*particulier*) des **conditions**.

e. (*vif*) Quel **esprit** ! Il a toujours (*intelligent*) des **réflexions** sur l'actualité.

f. (*grand*) C'est un **fumeur**, il faudra qu'il arrête un jour la cigarette, c'est mauvais pour la santé.

3. Regroupez les mots suivants qui appartiennent à la même famille sémantique.

bougie – définition – acception – feu – signification – alouette – oiseau – emblème – fleur – figure – jardin – végétal – réséda – rose – chandelier – représentation – pinson – champ

a. Sens

b. Colombe

c. Lumière

d. Herbe

e. Symbole

f. Lis

4. Complétez avec un verbe de la liste.

traduire – rendre – incarner – personnifier – symboliser - représenter

À propos de L'Avare de Molière

a. Michel Bouquet .... à la perfection le personnage d'Harpagon.

b. Harpagon .... l'avarice et l'égoïsme.

c. Le décor .... une villa contemporaine.

d. Les costumes d'aujourd'hui .... la volonté du metteur en scène de mettre en valeur la modernité de la pièce.

e. Le costume noir d'Harpagon .... la méchanceté du personnage.

f. La mise en scène .... parfaitement le comique de la pièce.

5. 22 **Travaillez vos automatismes.**

Exemple : J'ai un truc à te dire. C'est incroyable. → *J'ai un truc incroyable à te dire.*

a. J'ai rencontré une personne. Elle est sympathique.

b. Elle habite dans un village. Il est tout petit.

c. Elle vit dans une ferme rénovée. La ferme est vieille.

d. Elle fait des confitures. Elles sont très bonnes.

e. Elle vit avec un homme. Il est beau et sympathique.

f. Ce sont des voisins. Ils sont attachants.

Travail avec les pages Projet

Vocabulaire

• adrénaline (n.f.) ....
aluminium (n.m.) ....
aristocrate (n.) ....
baudruche (n.f.) ....
cliché (n.m.) ....
discordance (n.f.) ....
dissonance (n.f.) ....
enfilade (n.f.) ....
éventail (n.m.) ....
exaltation (n.f.) ....
exubérance (n.f.) ....
fresque (n.f.) ....
homard (n.m.) ....
iconoclaste (n.m.) ....
intrusion (n.f.) ....
loufoquerie (n.f.) ....
lustre (n.m.) ....
naphtaline (n.f.) ....
polémique (n.f.) ....
positivisme (n.m.) ....
rame (TGV) (n.f.) ....
viennoiserie (n.f.) ....
• adulé (p.p.) ....
époustouflant (adj.) ....
formel (adj.) ....
hardi (adj.) ....
hilarant (adj.) ....
kitsch (adj.) ....
novateur (adj.) ....
polychrome (adj.) ....
rebattue (adj.) ....
soutenu (adj.) ....
taquin (adj.) ....
terne (adj.) ....
• adjuger (v.) ....
alterner (v.) ....
brosser (v.) ....
cautionner (v.) ....
émaner (v.) ....
enlacer (v.) ....
exalter (v.) ....
instaurer (v.) ....
se mouvoir (v.) ....
trôner (v.) ....
• un point de chute (expr.) ....

1. Relisez le texte page 111 du livre de l'élève.

A. Le titre de l'article « De l'art ou du homard ? » s'inspire d'une expression imagée française, « du lard ou du cochon ».

Que signifie cette expression ?

Quand il m'a dit qu'il retournait définitivement en Italie, je ne savais pas *si c'était du lard ou du cochon*.

☐ **1.** Je ne savais pas quand il retournerait en Italie.

☐ **2.** Je ne savais pas si c'était vrai ou faux.

☐ **3.** Il ne savait pas s'il avait la possibilité financière d'y retourner.

Existe-t-il une expression similaire dans votre langue ? Si oui, laquelle ?

B. Expliquez l'originalité du titre de l'article en commentant le choix des mots.

De l'art ou du homard :

C. À l'aide des mots ci-dessous, donnez le sens de ces expressions imagées utilisant des noms d'animaux.

13 Dec 2019

difficulté – malpropre – médisant – obstiné – peur – super

1. Manger comme un cochon : malpropre
2. Mener une vie de chien : difficulté
3. Avoir la chair de poule : peur
4. C'est chouette : super
5. Être une tête de mule : obstiné
6. Être une langue de vipère : médisant

D. Dites si les affirmations sont vraies ou fausses. Relevez les passages du texte qui justifient votre choix.

	Vrai	Faux
1. Louis XIV a reçu à Versailles Jeff Koons parmi d'autres artistes de l'époque.	☐	☐
2. Jean-Jacques Aillagon n'est plus directeur du Centre Georges Pompidou et a été ministre de la Culture.	☐	☐
3. Charles Le Brun était le décorateur du château de Versailles sous Louis XIV.	☐	☐
4. 6 000 membres de l'Union nationale des écrivains de France ont réagi négativement à cette exposition et ont envoyé une pétition à Christine Albanel.	☐	☐
5. Jeff Koons est un artiste très coté.	☐	☐
6. Jeff Koons ne fait que des sculptures qui représentent des animaux ou crustacés.	☐	☐
7. Jean-Jacques Aillagon pense que les œuvres de Jeff Koons n'ont rien à voir avec le décor de Versailles.	☐	☐
8. L'exposition de Jeff Koons est une exposition permanente du château de Versailles.	☐	☐

2. Relisez « Le point sur... quelques courants artistiques et littéraires » page 113. À quel(s) courant(s) artistique(s) vous font penser les phrases suivantes ? Placez-les dans le tableau.

a. C'est un courant du XIXe siècle.

b. L'artiste montre ses émotions et ce qu'il ressent de manière exacerbée.

c. Le style de ce monument est empreint de rigueur et d'équilibre.

d. Les artistes se révoltent contre certaines valeurs bourgeoises.

e. Les artistes privilégient la description de la réalité.

f. Les sujets des romans portent sur des milieux sociaux défavorisés.

g. Les œuvres sont très influencées par le style italien et par l'Antiquité.

h. La morale est un des sujets favoris de cette époque.

i. Ce courant prend le contre-pied du Romantisme.

j. Les poètes chantent l'amour, les beautés de la nature et les plaisirs de la vie.

Puis indiquez pour chaque courant artistique les écrivains dont fait référence l'article.

Renaissance	Classicisme	Romantisme	Réalisme	Surréalisme
		a.	a.	

3. 23 **Écoutez le document sonore et répondez aux questions.**

A. Parmi les écrivains de la liste suivante, quels sont ceux que Stéphanie Py préfère ? Classez-les dans le siècle qui convient et indiquez les œuvres citées.

Choderlos de Laclos
Les Liaisons dangereuses
Texte intégral
+ dossier par Charlotte Burel
+ analyse du film de Stephen Frears
18e siècle
+ Lecture d'image par Alain Jaubert
folioplus classiques

☐ Balzac
☐ Céline
☐ Laclos
☐ Corneille
☐ Duras (Marguerite)
☐ Flaubert
☐ Hugo (Victor)
☐ Lamartine
☐ Marivaux
☐ Modiano (Patrick)
☐ Molière
☐ Musset
☐ Rabelais
☐ Racine
☐ Zola

- Au XVIe siècle : .... œuvre(s) citée(s) : ....
- Au XVIIe siècle : .... œuvre(s) citée(s) : ....
- Au XVIIIe siècle : .... œuvre(s) citée(s) : ....
- Au XIXe siècle : .... œuvre(s) citée(s) : ....
- Au XXe siècle : .... œuvre(s) citée(s) : ....

B. Répondez aux questions.

1. Avec quel autre écrivain Stéphanie Py compare-t-elle Rabelais ? Pour quelles raisons ?

2. En quelle année a été publié *Gargantua* ?

3. Combien de fois S. Py a-t-elle lu la pièce de Racine ? Que pense-t-elle de Racine ? À quel genre appartient Racine ?

4. Que dit-elle du roman *Madame Bovary* ?

5. Que dit Stéphanie Py à propos de Marivaux ?

6. Pourquoi Stéphanie Py aime-t-elle Marguerite Duras ?

7. Que dit-elle au sujet des surréalistes ?

4. Lisez l'article sur Nicolas Philibert.

■ Télérama – 10 juin 2009

Peut-on tout dire dans un documentaire ?

La liberté du filmeur comme du filmé, c'est la méthode Nicolas Philibert. L'auteur du célèbre « Être et avoir » explique ses choix et ses interrogations. Ses regrets, aussi.

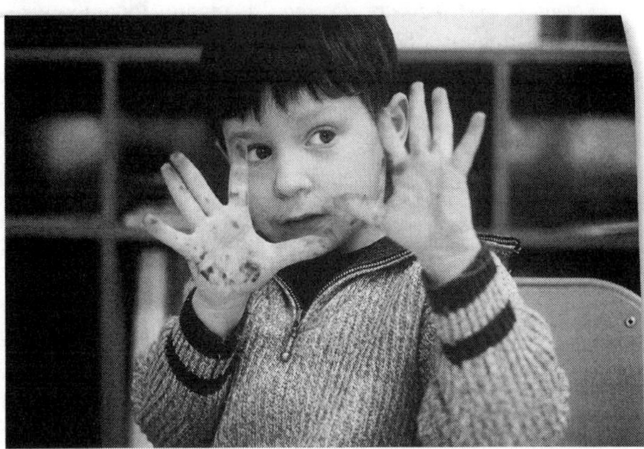

Le petit Jojo dans « Être ou avoir »

Invité d'honneur du 20e Sunny Side of the doc, marché international du documentaire qui se tiendra à La Rochelle du 23 au 26 juin, le cinéaste Nicolas Philibert y projettera trois de ses films, dans le cadre d'une sélection de documentaires qui ont marqué les vingt dernières années. L'occasion, pour le réalisateur d'*Être et avoir*, de revenir sur son parcours et de s'interroger sur l'état du documentaire.

Cinéma et télévision

« Le terme "documentaire" recouvre une très grande variété d'approches, d'écritures et de styles, que l'on rencontre dans les festivals et dans les salles ; beaucoup moins à la télévision, où les films sont très standardisés – sans doute la subjectivité d'un réalisateur y est-elle trop dérangeante – et rarement porteurs d'une dimension cinématographique. Ce n'est pas une question de support technique ni de mode de diffusion ou de taille de l'écran, mais de sujet. À la télévision, il s'agit presque toujours de traiter un sujet ; au cinéma, il s'agit plus souvent d'en dépasser le cadre pour atteindre une dimension universelle, qui amène le film à nous parler de nous, de l'espèce humaine et de sa condition. Même lorsqu'il montre des orangs-outans, comme le fera *Nénette*, un documentaire d'une vingtaine de minutes que je m'apprête à tourner au Jardin des Plantes et dont l'héroïne, âgée de 40 ans, en a passé trente-sept derrière une vitre. Ce sera un film sur cette vitre, sur son regard à elle et sur ceux qu'on lui porte. Il y sera question de capture et de captation. En somme, de documentaire, puisque filmer les gens, c'est aussi les emprisonner. »

Télévision et censure

« J'ai réalisé mon premier documentaire en 1978, avec Gérard Mordillat, *La Voix de son maître*, sur le discours patronal. Nous en avons fait une version télé de trois fois une heure, qui a été censurée sur intervention de François Dalle, patron de L'Oréal. Le cabinet de Raymond Barre, Premier ministre de l'époque, a fait pression sur Antenne 2, qui l'a déprogrammé dans la minute. En 1981, changement de régime. Mais parce que François Dalle est un ami d'enfance de François Mitterrand, le film ne sera pas reprogrammé. Aujourd'hui, ces trois heures n'ont rien perdu de leur actualité. Pourtant, aucune chaîne ne s'est encore décidée à les diffuser. »

Liberté du spectateur

« *La Ville Louvre*, que j'ai tourné en 1990, est à l'origine un documentaire de télévision financé par Antenne 2 et La Sept, qui ont toutes deux voulu m'imposer un commentaire, avec des chiffres pour la première, plus littéraire pour la seconde. Il m'a fallu leur résister, en leur demandant non seulement de me faire confiance, mais plus encore de faire confiance au spectateur lui-même. De lui laisser une part de liberté. De ne pas lui dire à tout moment ce qu'il doit comprendre, comme c'est si souvent le cas, y compris au cinéma. D'où mon aversion pour Michael Moore, qui réfléchit à notre place et dont les films relèvent de la propagande. »

Liberté du documentariste

« Je ne cherche pas à engranger des connaissances avant de rencontrer les gens. En 1996, quand je suis allé trouver Jean Oury, psychiatre de la clinique de La Borde où j'allais tourner *La Moindre des choses*, et qu'il a commencé à m'expliquer où je me trouvais, je lui ai dit très vite : "*Je ne veux rien savoir*." J'avais envie de voir, pas de me créer des devoirs. Quand on s'inscrit dans une démarche ouvertement didactique, on passe à côté du cinéma. De même, quand a surgi cinq ans plus tôt l'idée du *Pays des sourds*, je n'ai pas cherché à rencontrer des spécialistes. Si j'étais allé voir ceux qui ont un discours sur la surdité, j'aurais abordé les sourds d'une tout autre manière. J'aurais cherché à vérifier sur le terrain le bien-fondé de ce qu'on m'avait dit. Ma relation au documentaire part toujours de mon ignorance et d'une envie de découvrir. »

Comme des fictions

« Je ne suis pas de ceux qui rêvent de passer à la fiction. Mais mes documentaires sont très narratifs, souvent construits comme des fictions. En y travaillant, je me pose sans cesse des questions comme : cela doit-il être visible ou invisible ? Ce son doit-il être in ou off ? Que doit-on dire et laisser deviner ? *Être et avoir*, par exemple, n'entre pas tout de suite dans le vif du sujet. Il s'ouvre sur des vaches dans la tempête – le vent, les arbres, la neige… la nature figurée dans ce qu'elle a de plus violent. La classe vient plus tard, et apparaît ainsi comme un abri contre le danger, un lieu pédagogique préservé de la sauvagerie du monde. »

Liberté des personnes filmées

« Quand je tourne un documentaire, je prends soin de dire aux gens : "*Si vous n'avez pas envie de nous voir aujourd'hui, c'est simple : dites-le-moi et on ira faire un tour.*" Dans un documentaire, la relation entre filmeur et filmés doit reposer sur la liberté de chacun de dire "oui" ou "non". Cette liberté, l'enseignant d'*Être et avoir* s'en est servi contre nous au procès (**1**). Il a dit : "*Nicolas m'a non seulement invité à voir le film en cours de montage pour que je lui dise ce que j'en pensais, mais il m'avait aussi accordé préalablement le droit de refuser sa caméra si je la jugeais dérangeante. J'avais donc un droit de vie et de mort sur le tournage. Je suis par conséquent coauteur du film.*" »

Contrat de confiance

« Si elle a été très douloureuse, cette expérience n'a pas entamé mon désir de cinéma. Dans mon parcours, une rencontre s'est mal terminée ; ça ne doit pas m'empêcher de continuer. Aujourd'hui, les producteurs sont plus vigilants sur les autorisations. Quand j'ai tourné *Retour en Normandie* (en 2007), la production a insisté pour que je fasse signer des papiers aux gens que je filmais. Ils ont accepté de signer, mais en me disant : "*Tu ne nous fais pas confiance ?*" »

Question de parole

« Plusieurs de mes films tournent autour de la parole et de la voix. *La Voix de son maître*, bien sûr, et *Le Pays des sourds*, mais aussi *Être et avoir* (l'apprentissage de la lecture) et *La Moindre des choses* (la parole désarticulée des gens qui souffrent de maladies psychiques). Même *Retour en Normandie*, avec cette boulangère aphasique qui va retrouver l'usage de la parole, et cette autre femme qui a du mal à parler, étant atteinte d'une maladie dégénérative du cerveau. Avant de le réaliser, j'ai passé pas mal de temps à suivre les consultations d'un orthophoniste qui travaille avec des aphasiques. Peut-être ferai-je un jour un film avec des gens qui ont perdu l'usage de la parole, comme ce garçon qui disposait d'un seul mot ("oui") pour tout désigner. Après *Nénette*, j'envisage d'ailleurs de tourner un long métrage dans ce lieu de parole qu'est la Maison de la radio. De butiner dans la Maison ronde, de France Inter à France Culture, en passant par France Musique et France Info. »

Propos recueillis par François Ekchajzer

(**1**) En 2003, l'instituteur d'Être et avoir Georges Lopez a vainement attaqué la production du film pour contrefaçon et violation du droit à l'image, considérant sa pratique pédagogique comme une œuvre originale dont le documentaire serait la reproduction !

À voir

Coffret Nicolas Philibert, regroupant 18 de ses courts et longs métrages, de « La Voix de son maître » à « Nénette ». Sortie à l'automne aux Éditions Montparnasse.

Philibert à La Rochelle

Des trois films présentés à La Rochelle par Nicolas Philibert, le premier explore les entrailles d'un musée bien connu (*La Ville Louvre*, mardi 23 à 15h30) ; le deuxième interroge notre perception de la folie (*La Moindre des choses*, mercredi 24 à 14h, suivi d'une rencontre avec le réalisateur) ; quant au troisième, il revient trente ans après sur les lieux d'un tournage de René Allio pour en questionner les effets sur la vie d'hommes et de femmes qui y ont été mêlés (*Retour en Normandie*, jeudi 25 à 17h30). Entrée libre et gratuite, dans la limite des places disponibles. L'ensemble de la programmation est détaillé sur www.sunnysideofthedoc.com. Tél. 05-46-55-79-79.

A. Notez dans cette fiche les informations que vous pouvez relever sur les documentaires de Nicolas Philibert.

Documentaires réalisés	Informations sur le sujet et sur le contenu	Autres informations

Documentaires réalisés	Informations sur le sujet et sur le contenu	Autres informations

B. Répondez aux questions.

1. À quelle occasion le journaliste de *Télérama* a-t-il interviewé Nicolas Philibert ?

a l'occasion du 20e Sunny Side of the doc à la Rochelle du 23 au 26 juin 2009. Le cinéaste à était l'invité d'honneur

2. Quelle opinion Nicolas Philibert a-t-il sur les reportages tournés pour la télévision ?

À la télévision il s'agit presque toujours de traiter un sujet. Les reportages tournés pour la télé ne font pas assez confiance au public ou aux auteurs.

3. Comment Nicolas Philibert conçoit-il son travail de réalisateur de documentaires ?

Ses documentaires devraient reposer sur la liberté de chacun de dire "oui" ou "non". La relation entre filmeur et filmés doit reposer sur la liberté.

4. Pour quelle raison Nicolas Philibert n'apprécie pas Michael Moore ?

En 1990 Philibert ai tourné un documentaire de télévision financé pour deux entreprises qui voulu de l'imposer commentaires que le cinéaste a refusé de reprendre

5. Dans quelle mesure les documentaires de Nicolas Philibert s'apparentent à la fiction ? Donnez un exemple évoqué par le réalisateur dans cette interview.

Ses documentaires sont très narratifs souvent construits comme des fictions. Être et avoir est l'exemple qu'il a évoqué.

6. Quel problème Nicolas a-t-il rencontré avec l'instituteur de *Être et avoir* ? Expliquez.

En 2003 l'instituteur d'Être et avoir, Georges Lopez a attaqué la production du film de Philibert pour contrefaçon et violation du droit à l'image.

C'est une découverte

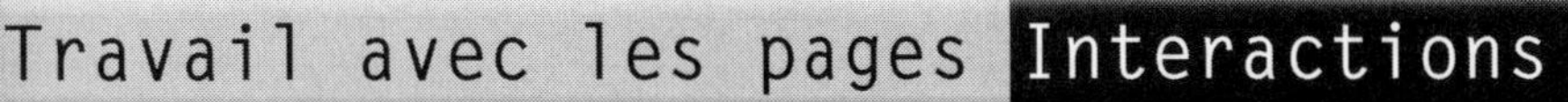

Vous allez apprendre à :

- ☑ parler de la mode
- ☑ mettre en valeur, exprimer l'importance
- ☑ parler de cuisine et de gastronomie régionale

Travail avec les pages Interactions

Vocabulaire

• austérité (n.f.) ....
bibelot (n.m.) ....
corail (n.m.) ....
cul (n.m.) ....
démesure (n.f.) ....
facture (fabrication) (n.f.) ....
fondamentaux (n.m.pl.) ....
griffe (marque) (n.f.) ....
guinguette (n.f.) ....
métrage (n.m.) ....
perle (n.f.) ....
podium (n.m.) ....
ronce (n.f.) ....
tourbillon (n.m.) ....
volute (n.f.) ....
• ancestral (adj.) ....
défraîchi (adj.) ....
farfelu (adj.) ....
fastueux (adj.) ....
• chiner (v.) ....
dénicher (v.) ....
ériger (v.) ....
• au grand dam de (expr.) ....
avoir du cachet (expr.) ....
être collet monté (expr.) ....

1. Relisez les textes pages 114 et 115 du livre de l'élève.

A. Trouvez les mots à partir des définitions proposées.

• Haute couture : Dior

a. Sévérité, refus du luxe : ....
b. Ancien, de l'époque des ancêtres : ....
c. Marque, touche, signe distinctif d'une marque : ....
d. Qui est somptueux, luxueux : ....
e. Sans limite : ....
f. Arbuste sauvage épineux : ....
g. Comme, à la place de : ....
h. Austère : ....

• Les Puces de Saint-Ouen

i. Petits objets décoratifs : ....
j. Chercher, fouiller : ....
k. Trouver : ....
l. Avoir une originalité, quelque chose de spécial : ....
m. Déraisonnable : ....

B. Répondez à ces questions sur le texte « Haute couture : Dior ».

a. À quoi ressemblent les mannequins du défilé Dior de janvier 2009 ?

b. Le défilé de l'année précédente était-il différent ? Justifiez.

C. D'après le texte « Les Puces de Saint-Ouen », les affirmations suivantes sont-elles vraies ou fausses ? Justifiez votre réponse.

	Vrai	Faux
a. Tous les modes de paiement sont acceptés aux Puces de Saint-Ouen.	☐	☐
b. Les Puces de Saint-Ouen sont surtout connues des Français.	☐	☐
c. Avant de décider d'acheter, on peut proposer le prix qu'on veut, cela fait partie du jeu.	☐	☐
d. Il vaut mieux montrer qu'on est très intéressé par l'objet, sinon le vendeur peut le proposer à quelqu'un d'autre.	☐	☐
e. Les meilleures affaires se font au début de la journée.	☐	☐
f. Les Puces de Saint-Ouen sont situées près du Louvre.	☐	☐
g. Les prix sont, en général, élevés aux Puces de Saint-Ouen.	☐	☐

2. Remplacez les mots en italique par un mot proposé dans la liste.

austère – marchander – farfelu – cachet – liquide – démesure – fastueux

a. La réception à l'ambassade était superbe. La décoration était *somptueuse* et de très bon goût.

b. Il n'a jamais montré exubérance ou *excès*. Il se distinguait davantage par un caractère simple et *sérieux* plutôt que par une attitude *excentrique*.

c. Je n'ai pas de *monnaie* sur moi, je dois aller en retirer au distributeur.

d. Ce meuble a vraiment du *caractère*, c'est original et tu es certain que personne d'autre n'a le même.

e. J'ai essayé de *négocier*, mais ça n'a pas fonctionné !

3. Trouvez les antonymes des mots soulignés.

a. Cette pièce de théâtre était <u>spectaculaire</u> et les décors <u>somptueux</u>. Les <u>amis</u> de l'auteur ont applaudi.

Celle-ci, en revanche, était .... et les décors ....

Les .... de l'auteur ont applaudi.

b. Ce défilé s'est <u>clôturé</u> dans la <u>démesure</u>.

Celui-ci ....

c. Cette robe est <u>défraîchie</u>. Elle <u>a du cachet</u>.

Celle-ci est .... Elle ....

Travail avec les pages Ressources

Vocabulaire

• acrobatique (adj.) ____________ • empirer (v.) ____________ étirer (s') (v.) ____________

C'est à savoir

Mise en valeur et expression de l'importance

Se référer à la page 117 du livre de l'élève.

1. Reformulez les phrases avec d'autant que... ou d'autant plus que...

Exemple : Le concert de Cali était génial, surtout qu'il a chanté les chansons de son premier album.

→ *Le concert de Cali était génial **d'autant qu'**il a chanté les chansons de son premier album.*

→ *Le concert de Cali était **d'autant plus** génial **qu'**il a chanté les chansons de son premier album.*

a. Le spectacle était réussi, surtout que les gens dansaient tous ensemble.

Le spectacle d'autant plus reussi que les gens dansaient tous ensemble

b. Nous irons certainement au concert des Têtes Raides, en plus les places ne sont pas très chères.

Nous irons certainement au concert... d'autant plus que

c. Cette nouvelle nous a bouleversés, surtout que nous ne nous y attendions pas.

Cette nouvelle nous a d'autant boulaversés que nous ne nous y attendions p

d. La situation devenait impossible, surtout qu'il ne voulait plus nous parler.

La situation devenait d'autant plus impossible qu'il ne voulait plus nous par

e. Nous avons dîné merveilleusement dans ce restaurant, en plus le vin était excellent et bien choisi.

Nous avons dine merveilleusement dans ce restaurant d'autant plus que le v était ....

f. Il n'arrivera pas à la séduire, surtout qu'elle est très exigeante et a un caractère difficile avec les hommes.

Il n'arrivera pas à la seduire d'autant plus qu'elle est très exigeante et a un caractère difficile avec les hommes.

2. Soulignez les constructions qui mettent en valeur certains mots des phrases suivantes.

a. Ce nouveau groupe de rock français, c'est le groupe qu'il faut connaître.

b. C'est la ville où il y a le plus de salles de théâtre.

c. Il a autant de connaissances en littérature qu'en musique, tu peux imaginer sa curiosité !

d. Rien n'est plus agréable que de se retrouver autour d'une table avec de bons amis !

e. Tu ne connais pas cet écrivain ? C'est l'écrivain de la rentrée !

f. Rien ne sert de stresser, on trouvera des solutions très vite.

g. Le spectacle était d'un ennui ! Je ne le conseille vraiment pas.

h. Cette organisation n'est pas triste ! Il va falloir réunir le personnel pour redéfinir certaines choses.

3. Complétez les phrases avec les mots proposés dans la liste.

mettre l'accent sur – il est capital – majeur – marquant – faire grand bruit

a. Il est capital de réunir tous les professeurs au plus vite pour discuter de la nouvelle réforme.

b. On ne peut pas nier que cet événement fut marquant pour toute une génération. On en parle encore.

c. Nous aimerions mettre l'accent sur le fait que la réforme est irréversible, nous ne pouvons plus reculer.

d. L'annonce que le Premier ministre a faite hier va certainement faire grand bruit auprès de la population.

e. C'est un événement majeur auquel nous devons porter une grande attention.

4. Expressions avec « plus » et « moins ». Complétez avec les expressions de la liste.

au plus – de plus – sans plus – en plus – en moins – de plus en plus – de moins en moins

Léa : Alors, ce séjour en Sologne s'est bien passé ?

Théo : Oui, c'était super. ______ j'y suis allé en automne et les forêts étaient superbes. ______ il n'y avait pas de touristes !

Léa : Tu pêches toujours ?

Théo : Oui, ______. Avant je pêchais pour passer le temps. Maintenant, c'est ma passion.

Léa : Et tu chasses toujours ?

Théo : ______. Je ne veux pas participer à l'extinction des espèces ! Tu sais que depuis quelques années, il y a 30 % de gros gibier ______ ? Je fais ______ une journée de chasse par an. Et toi, tu apprécies la chasse ?

Léa : ______. Je me contente de traquer les animaux avec mon caméscope.

5. 24 **Travaillez vos automatismes. Conseillez-les comme dans l'exemple.**

Exemple : Je n'ai pas vu le film de Roman Polanski. – *Dommage, c'est* **le** *film à voir !*

a. Je n'ai pas lu le roman de Julia Kristeva.

b. Je n'ai pas visité la ville de Copenhague.

c. Je ne suis pas allée dans ce restaurant.

d. Je n'ai pas regardé cette série.

e. Je n'ai pas rencontré Sylvain.

f. Je n'ai jamais joué au golf.

Travail avec les pages Simulations

Vocabulaire

• acidité (n.f.)	______	brochette (n.f.)	______	chevreuil (n.m.)	______
basilic (n.m.)	______	cabillaud (n.m.)	______	courgette (n.f.)	______
baudroie (n.f.)	______	caille (n.f.)	______	court-bouillon (n.m.)	______

- dorade (n.f.)
- faïence (n.f.)
- fenouil (n.m.)
- fût (n.m.)
- gelée (n.f.)
- gorgée (n.f.)
- grive (n.f.)
- lamproie (n.f.)
- langoustine (n.f.)
- lièvre (n.m.)
- magret (n.m.)
- mets (n.m.)
- œnologue (n.m./f.)
- olivier (n.m.)
- palais (organe) (n.m.)
- papillote (n.f.)
- perdreau (n.m.)
- piquette (n.f.)
- poutre (n.f.)
- quinine (n.f.)
- rouget (n.m.)
- rubis (n.m.)
- sanglier (n.m.)
- sarrasin (n.m.)
- sommelier (n.m.)
- subtilité (n.f.)
- tanin (n.m.)
- terrine (n.f.)
- texture (n.f.)
- tourte (n.f.)
- vinification (n.f.)
- voltige (n.f.)
- • bouchonné (adj.)
- braisé (adj.)
- engageant (p. pr.)
- farci (adj.)
- gratiné (adj.)
- grenat (adj.)
- lyophilisé (adj.)
- madérisé (adj.)
- mariné (adj.)
- moelleux (adj.)
- poché (adj.)
- récalcitrant (adj.)
- rustique (adj.)
- • envoûter (v.)
- parer (v.)
- • avoir l'embarras du choix (expr.)
- donner l'eau à la bouche (expr.)

1. Relisez le texte « Pour goûter un vin » page 120 et barrez les affirmations qui ne sont pas exactes.

a. Les œnologues sont des spécialistes du vin.
b. On peut prendre des cours de dégustation de vin.
c. Le sommelier est une personne qui vend du vin.
d. Le goût de bouchon n'est pas apprécié des amateurs de vin.
e. Un vin qui fait 12 ou 13 degrés est toujours un bon vin.
f. La couleur du vin peut déjà nous donner des renseignements sur sa qualité.
g. Quand un vin a du bouquet, il exhale, en général, des senteurs de fruits.
h. Il vaut mieux refuser une bouteille quand le vin est madérisé.

2. Associez les noms aux adjectifs.

a. Œnologue
b. Gâteau
c. Vin
d. Œuf
e. Poulet
f. Décoration
g. Pomme de terre
h. Poisson

1. Rustique
2. Pané
3. Farci
4. Bouchonné
5. Compétent
6. Gratiné
7. Moelleux
8. Poché

3. Complétez la grille et trouvez le mot mystère.

a. « Plat » en langue soutenue.

b. Si vous souhaitez que votre steak ne soit pas trop cuit, vous le demandez...

c. Contraire de « maigre ».

d. Contraire de « dur » pour une viande.

e. Fromage de Normandie de forme ronde.

f. Au feu de bois.

g. Vin doux.

h. Mauvais vin.

i. Accompagne souvent les steaks.

j. Dans le congélateur.

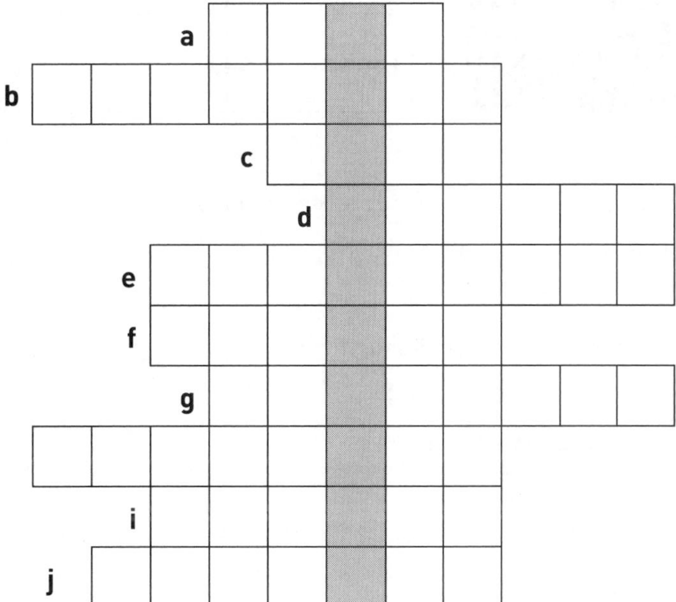

Mot mystère : ....

4. Lisez « Le point sur... le goût des terroirs » page 121.

A. Choisissez l'affirmation qui correspond le mieux au texte.

a. ☐ **1.** Le général de Gaulle pensait qu'il était difficile de gouverner les Français car ils avaient des opinions très différentes.

☐ **2.** Le général de Gaulle pensait que la France regroupait environ 246 opinions différentes parmi l'électorat.

☐ **3.** La France est très variée, cela se retrouve exclusivement dans l'aspect gastronomique.

b. ☐ **1.** On utilise de l'huile d'olive dans la cuisine surtout dans le sud de la France.

☐ **2.** On ne mange jamais de tomates et d'aubergines dans le nord de la France.

☐ **3.** Les gens du Sud mangent peu de pommes de terre.

c. ☐ **1.** Le fromage se fabrique dans toute la France, mais particulièrement en Normandie et dans les régions montagneuses.

☐ **2.** La fondue est un plat typique de Normandie.

☐ **3.** C'est avec le lait des vaches normandes que le fromage français est fabriqué.

d. ☐ **1.** Les crêpes au froment et les galettes de sarrasin sont des spécialités de Normandie.

☐ **2.** Pour faire un cassoulet, il faut de la viande de bœuf et des légumes secs.

☐ **3.** Le sud-est de la France compte de nombreuses spécialités à base de poisson.

B. Complétez le tableau.

	Spécialités culinaires et ingrédients typiques
Normandie	
Bretagne	
Savoie	
Sud-Ouest	
Sud-Est	
Lorraine	

5. 25 **Écoutez le document sonore et répondez aux questions.**

a. Qui est Jean-Pierre Bastide ?

b. Comment s'appelle son établissement ? Où est-il situé ?

c. Quels souvenirs culinaires a-t-il de son enfance ?

d. Trouvez trois particularités de sa cuisine.

e. Qu'aime-t-il cuisiner en automne ?

f. Et en été, avec quels légumes il compose ses plats ?

g. En hiver, quels produits n'utilise-t-il jamais ?

h. Quelle est l'autre particularité de sa cuisine ?

• Compréhension de l'oral

Reportez-vous aux activités des leçons 9 à 12 : « Écoutez le document sonore. »

[Leçon 9, page 78, exercice 6 – Leçon 10, page 87, exercice 5 – Leçon 11, page 96, exercice 3 – Leçon 12, page 106, exercice 6]

• Compréhension des écrits

Lisez ce texte puis répondez aux questions.

Paris, capitale de la comédie musicale

Il n'y a pas que Broadway. En dix ans, Paris est devenu une capitale de la comédie musicale. *Zorro, The Sound of Music* (*La Mélodie du bonheur*), *Mozart* et les autres remplissent les salles. Enquête.

Paris n'est plus un désert pour la comédie musicale. C'est même Broadway-sur-Seine ! Au début des années 1990, le producteur britannique Cameron Mackintosh (*Cats, Les Misérables*) affirmait : « La notion de comédie musicale à la française est une aberration. » Quinze ans plus tard, *Le Roi Lion* plastronne pour la troisième saison. *The Sound of Music* (*La Mélodie du bonheur*) est créé pour la première fois dans la capitale. *Mozart. L'opéra rock* joue les prolongations. *Zorro, Grease, Cléopâtre* cartonnent. *Roméo et Juliette, Les Misérables* remontent en scène ce printemps. Un Dracula et un Mamma Mia ! se préparent. Et l'on chuchote que *Notre-Dame de Paris* reviendra à la fin de 2010 avec les têtes d'affiche de l'époque.

Quoi d'autre ? Du côté des mômes, c'est la surenchère : les spectacles musicaux pour enfants ont triplé en un an. Le groupe néerlandais Stage Entertainment, qui a acquis en 2005 le théâtre Mogador, désormais spécialiste du genre, double sa programmation en s'expatriant aussi aux Folies Bergère. Tandis que, sous l'impulsion du producteur Serge Tapierman, un nouveau lieu ouvrira dans la capitale en octobre 2010, avec, à l'affiche, des *Trois Mousquetaires* on the rock. Du coup, le secteur s'organise. Des assises du nouveau théâtre musical auront lieu le 7 décembre, orchestrées par le réseau Diva, qui rassemble créateurs, professionnels et institutionnels. « Paris fait du Broadway rêvé, résume Jean-Luc Choplin, directeur du théâtre du Châtelet. Du "*musical* caviar". » Les spectateurs suivent. Et même très attentivement. Le webzine Regardencoulisse.com consacré aux comédies musicales, qui comptait 500 visites par mois en 1999, atteint les 500 000 pages vues dix ans plus tard.

Le triomphe de *Notre-Dame de Paris*, la comédie musicale de Luc Plamondon et de Richard Cocciante lancée en 1998 – 3 millions de spectateurs ; 8,5 millions de disques vendus – a brisé les idées reçues et s'est imposé en modèle. Cette révolution musicale a formé une génération gagnée à *Belle*. Et a engendré une série de flops artistiques et/ou financiers (*Les Mille et Une Vies d'Ali Baba, Les Demoiselles de Rochefort, Les Aventures de Rabbi Jacob*), mais aussi des locomotives formatées qui ont tiré les wagonnets du succès, à la grande stupéfaction de Broadway. [...]

« *Notre-Dame* a été un déclencheur », reconnaît Albert Cohen, producteur, avec Dove Attia, des trois best-sellers de la décennie : *Les Dix Commandements* (1,6 million de spectateurs), *Le Roi Soleil* (1,7) et *Autant en emporte le vent* (650 000, les droits d'exploitation avaient été acquis pour une seule saison). Le tandem est aussi aux commandes du récent *Mozart*, qui annonce déjà 100 000 fans. [...]

Une génération – celle des 20 ans, essentiellement des filles – a été formée aux comédies musicales new-look : rythme rapide, raccourcis narratifs, peu de dialogues, des chansons construites autour de l'émotion du héros, alors qu'à Broadway elles servent à faire avancer l'histoire. Ce sont des spectacles musicaux qui tiennent à la fois du show et du concert – prix moyen de la place : 60 euros. Exemple : *Mozart*, ses 12 décors, ses 400 costumes, ses hits repris en chœur par des fans qui photographient les chanteurs avec leurs portables, courent devant la scène pour le rappel et font signer des autographes à la sortie. Le coût de ces projets à haut risque est évalué à entre 6 et 8 millions d'euros, soit le budget moyen d'un long-métrage. « Un succès ne garantit jamais le suivant », reprend Albert Cohen. Le destin d'une comédie musicale se joue en général sur les quinze premiers jours.

Stage Entertainment, qui détient 30 théâtres dans 9 pays d'Europe, où se donnent notamment *Sister Act* et *La Belle et la bête*, s'est imposé en France avec *Cabaret* (300 000 spectateurs) puis *Le Roi Lion* et *Zorro*. « Nous voulons faire découvrir le théâtre musical *made in Broadway* », explique Sandrine Mouras, directrice générale de Stage Entertainment France. *Le Roi Lion*, qui approche du million de spectateurs, représente 12 % des entrées du théâtre privé pour la saison 2008-2009. « Nous nous posons en pionniers. On avance, on prend des paris, on ajuste. Au départ, ce n'était pas gagné », reprend-elle. [...]

Aux premières Assises du nouveau théâtre musical, bien des dossiers en suspens depuis quelques années seront à l'ordre du jour : « Pénurie de salles, carences techniques, non-reconnaissance du genre par le ministère de la Culture », recense Cathy Sabroux, à l'origine de ces rencontres. Ainsi que la définition même du terme. Comédie musicale, opéra rock, spectacle musical, conte musical ? À chaque spectacle son label flou. Après tout, qu'importe ! Le public est toujours là si ça lui chante.

Par Gilles Médioni (*L'Express*), publié le 03/12/2009.

1. Dites si les affirmations sont vraies ou fausses. Justifiez votre réponse avec une phrase ou un passage du texte.

	Vrai	Faux
a. Dès les années 90, le producteur Cameron Mackintosh avait annoncé un futur heureux et prometteur pour les comédies musicales à la française.	☐	☐
b. Les comédies musicales pour enfants se sont beaucoup développées.	☐	☐
c. Les spectacles musicaux pour enfants sont trois fois plus importants depuis un an.	☐	☐
d. Le théâtre Mogador est spécialisé dans les spectacles musicaux.	☐	☐
e. Le spectacle *Notre-Dame de Paris* a été un tournant pour les comédies musicales en France.	☐	☐
f. Le coût d'une comédie musicale peut être parfois le même que celui d'un film long-métrage.	☐	☐
g. La société Stage Entertainment France détient 30 théâtres dans le pays.	☐	☐

2. Relevez cinq titres de comédies musicales qui connaissent un grand succès et trois autres qui ont connu un échec.

3. Reformulez d'une autre manière les mots soulignés.

a. Cartonner :

b. Chuchoter :

c. Môme :

d. Décennie :

e. Flou :

4. Expliquez les expressions suivantes :

a. « Au départ, ce n'était pas gagné » :

b. « Le public est toujours là si ça lui chante » : ……………………………………………………

……………………………………………………………………………………………………

• Production écrite

Vous êtes allé voir un spectacle qui vous a énormément plu. Vous exprimez votre satisfaction sur un forum de spectacles.
Vous présentez le sujet du spectacle, vous exposez ses qualités (interprétation, mise en scène, etc.) et vous exprimez les émotions que vous avez ressenties.

• Production orale

Vous dégagerez le sujet abordé par le texte.
Vous présenterez votre opinion de manière argumentée et vous la défendrez si nécessaire.

La gastronomie française au patrimoine de l'humanité ?

Nicolas Sarkozy, qui inaugurait samedi matin le Salon de l'agriculture, souhaite la reconnaissance par l'Unesco du patrimoine gastronomique de la France.

La France va déposer dès 2009 auprès de l'Unesco une demande de classement de sa gastronomie au patrimoine mondial de l'humanité. L'idée a été lancée samedi matin par Nicolas Sarkozy qui inaugurait le 45e Salon de l'agriculture à Paris, une première pour le nouveau chef de l'État.

[...]

«Nous avons la meilleure gastronomie du monde, a expliqué le chef de l'État. C'est un élément essentiel de notre patrimoine. C'est pourquoi je souhaite que la France soit le premier pays à déposer dès 2009 une candidature auprès de l'Unesco pour permettre la reconnaissance de notre patrimoine gastronomique au patrimoine mondial », a-t-il expliqué.

L'idée de la candidature française avait été lancée fin 2006 par un groupe de gastronomes et de chefs convaincus que « la cuisine, c'est de la culture ». Le comité de soutien a recueilli 300 à 400 signatures de chefs, parmi lesquels de nombreuses célébrités (Paul Bocuse, Alain Ducasse, Pierre Troisgros, Marc Veyrat, Michel Guérard...). Mais pour l'instant, aucune gastronomie n'a été inscrite au patrimoine immatériel de l'humanité. En 2005, l'Unesco avait rejeté une demande en ce sens du Mexique. [...]

J.B., Le Figaro – 23/02/2008

Les autres et moi

Vous allez apprendre à :

- ☑ comprendre des textes portant sur l'immigration et la discrimination
- ☑ faire des réserves, exprimer la concession
- ☑ décrire les groupes sociaux

Travail avec les pages Interactions

Vocabulaire

• assimilation (n.f.)	grossesse (n.f.)	prohiber (v.)
critère (n.m.)	handicap (n.m.)	• à cet égard (expr.)
démarche (n.f.)	quota (n.m.)	à l'inverse (expr.)
dignité (n.f.)	• arbitraire (adj.)	arrondir les angles (expr.)
discrimination (n.f.)	• évacuer (v.)	du reste (expr.)
fond commun (n.m.)	minorer (v.)	se fondre dans la masse (expr.)

1. Relisez les pages 132-133 du livre de l'élève et choisissez l'affirmation la plus exacte.

a. (p. 132 - § 1)

☑ **1.** La Haute Autorité de lutte contre les discriminations et pour l'égalité a permis de recenser toutes les personnes qui ont subi une discrimination en 2008.

☐ **2.** Toutes les personnes qui ont subi des discriminations en 2008 n'ont pas pris contact avec la Halde.

☐ **3.** 8 000 personnes ont contacté la Halde en 2008, ce qui correspond à 8 % de la population en France.

b. (p. 132 - § 2)

☑ **1.** C'est en raison du principe d'assimilation que les immigrés ont longtemps pensé qu'il fallait s'adapter et taire d'éventuelles situations de discrimination dans le but de mieux s'intégrer.

☐ **2.** La France a fait introduire la notion de discrimination dans le droit européen.

☐ **3.** Tous les pays européens ont dû instaurer un organisme équivalent à la Halde alors que cela n'existait dans aucun pays avant.

c. (p. 132 - § 3)

☐ **1.** Tous les critères de discrimination sont traités à part entière et une hiérarchie a été établie entre eux.

☑ **2.** Les 18 critères de discrimination sont étudiés chacun de façon globalement similaire.

☐ **3.** Les caractéristiques physiques individuelles ne sont pas traitées de la même manière que les différences ethniques.

d. (p. 133)

☐ **1.** La « discrimination positive » est le fait de ne pas embaucher des personnes issues de l'immigration.

☐ **2.** Louis Schweitzer s'oppose à la politique de Sciences-Po concernant la discrimination positive.

☐ **3.** La députée PS et le président de la Halde pensent qu'il faut repenser la notion de discrimination positive en France et préfèrent tous les deux le terme d'« action positive ».

2. Barrez l'intrus.

a. Assimilation – intégration – discrimination – insertion

b. Respect – égard – politesse – dignité

c. Irrespect – préjugé – parti pris – idée reçue

d. Quota – total – taux – pourcentage

3. Dans les phrases suivantes, remplacez les mots soulignés par un mot ou une expression de la liste de vocabulaire.

a. Dans un groupe, il est souvent préférable de passer inaperçu et de rester discret, plutôt que de se faire remarquer de tous.

b. Concernant la politique d'immigration en France, on a souvent parlé du principe d'assimilation, alors qu'au Danemark on parle de politique d'intégration.

c. Au lieu de t'emporter et d'être aussi impulsif, tu devrais être plus modéré quand tu lui parles.

d. Cette mesure a été interdite en France.

e. Des discriminations persistent en France. À ce sujet, savez-vous qu'il existe un organisme qui lutte contre les inégalités ?

f. Il ne faut pas sous-estimer la question des inégalités.

Travail avec les pages Ressources

Vocabulaire

- proportionnel (adj.) ____________
- en outre (adv.) ____________
- il n'en reste pas moins que (expr.) ____________
- concéder (v.) ____________

C'est à savoir

L'expression de la concession

Se référer à la page 135 du livre de l'élève.

1. Construisez deux phrases avec *bien que* et *même si*.

Exemple : Il sait s'exprimer en français. Il fait encore des fautes de grammaire.

→ ***Bien qu'****il sache s'exprimer en français, il fait encore des fautes de grammaire.*

→ ***Même s'****il sait s'exprimer en français, il fait encore des fautes de grammaire.*

a. Tu as fait une erreur. Tu gardes confiance en toi.

→

→

b. Le chômage est plus élevé. Les Français restent optimistes.

→

→

c. La crise financière n'est pas liée aux immigrés. Certains pensent qu'ils sont responsables de la montée du chômage.

→

→

d. L'organisme de la Halde a été créé pour lutter contre les discriminations. Certaines personnes se plaignent encore de discriminations dans leur vie quotidienne.

→

→

e. Les mesures de discrimination positive sont mises en place. On peut regretter qu'il y ait encore des inégalités.

→

→

f. L'attitude de la majorité des Français face à l'immigration a évolué. La crise économique fait renaître certaines craintes.

→

→

2. Complétez les phrases avec *bien que, quand bien même* ou *même si*.

a. ______ il fasse de nombreux efforts, il a encore un peu de difficulté à s'adapter.

b. Je ne viendrai pas, ______ cela doit avoir de lourdes conséquences pour mon travail !

c. Il est encore très nostalgique de son pays, ______ il l'ait quitté il y a maintenant vingt ans.

d. ______ il y aurait une amélioration économique, le taux de chômage resterait encore assez élevé.

e. ______ certains jeunes sont inquiets face à leur avenir professionnel, la majorité reste optimiste.

f. Les réformes seront mises en place ______ les gens fassent grève dans la rue.

g. Tu ne serais pas d'accord avec lui, ______ il dirait la vérité !

h. ______ je l'avais vu de mes propres yeux, je n'y croirais pas.

3. Reliez les deux phrases en exprimant une idée de concession. Utilisez l'expression entre parenthèses.

a. Il a raison. Pourtant il ne tient pas compte de tous les aspects du problème. (*avoir beau*)

b. Les mesures économiques prises ont été importantes. Pourtant, le gouvernement a négligé la question sociale. (*tout ... que*)

c. Il y a de grands progrès en matière de discrimination positive. Pourtant, des inégalités existent encore. (*avoir beau*)

d. L'organisme de la Halde est là pour défendre les personnes discriminées. Pourtant, on constate que seulement 8 000 réclamations ont été déposées en 2008. (*bien que*)

4. 26 **Travaillez vos automatismes.**

a. *Exemple* : Elle se dit malade ? Pourtant elle va danser tous les soirs !

→ *Elle se dit malade, **n'empêche qu'**elle va danser tous les soirs !*

1. Il se plaint encore ? Pourtant il a une femme merveilleuse et une bonne situation.

2. Tu es mon ami ? Pourtant tu ne m'as pas appelé quand j'étais malade.

3. Tu trouves que c'est facile ? Pourtant tu n'as pas su résoudre l'exercice.

b. *Exemple* : Il est intelligent mais il a raté son examen.

→ ***Tout intelligent qu'il soit**, il a raté son examen.*

1. Il est capable mais il n'a pas réussi son année universitaire.

2. Il est maladroit mais il a réparé la voiture.

3. Il est étranger mais il s'adapte parfaitement à la culture française.

4. Il est calme mais il s'est mis en colère l'autre soir.

Travail avec les pages Projet

Vocabulaire

- • mixité (n.f.)
- émergence (n.f.)
- soutien (n.m.)
- propagation (n.f.)
- transition (n.f.)
- ségrégation (n.f.)
- apartheid (n.m.)
- ghetto (n.m.)
- résultante (n.f.)
- soubresaut (n.m.)
- rancœur (n.f.)
- • déshérité (adj.)
- désœuvré (adj.)
- intégriste (adj.)
- migratoire (adj.)
- notable (adj.)
- pervers (adj.)
- prédestiné (adj.)
- réversible (adj.)
- • cohabiter (v.)
- exiler (s')
- expulser (v.)
- extrader (v.)
- migrer (v.)
- palier (v.)
- proscrire (v.)
- reléguer (v.)
- • avoir du plomb dans l'aile (expr.)
- être sans appel (expr.)
- sur le banc des accusés (expr.)

1. Relisez le texte « Paris et la mixité sociale », page 137.

A. **Trouvez des mots du texte à partir des définitions.**

• *1er paragraphe*

a. Quand on habite ensemble, on ……

• *2e paragraphe*

b. riche et exubérant : ……

c. s'établir : ……

• *3e paragraphe*

d. se mélanger avec : ……

e. rejeter : ……

f. mauvais, négatif : ……

• *4e paragraphe*

g. introduire progressivement : ……

h. ensemble des propriétaires d'un même immeuble : ……

B. **Cherchez dans le texte des sigles qui correspondent aux définitions suivantes :**

a. Appartenant à la bourgeoisie traditionnelle : ……

b. Logements à l'intention des personnes à revenus modestes : ……

c. Célèbre centre de recherche : ……

d. Classe sociale qui s'est enrichie et a gardé ses idées de gauche : ……

e. Train rapide : ……

f. Train de banlieue : ……

C. **Répondez aux questions.**

a. Quelle image de Paris on retrouve dans le film *Amélie Poulain* ? ……

b. Est-ce que les logements sociaux sont majoritaires à Paris ? Développez. ……

c. Quels sont les quartiers bourgeois de Paris ? ……

et les quartiers plus populaires ? ……

d. Quelles raisons peuvent entraîner un phénomène de *white flight* ?

2. Pour chaque phrase, choisissez la bonne explication.

a. Votre projet de réaménagement du quartier semble avoir du plomb dans l'aile.

☐ **1.** Votre projet avance de plus en plus vite, avec une grande énergie.

☐ **2.** Votre projet ne fonctionne pas bien.

b. La politique de la ville mise en place depuis 20 ans est sur le banc des accusés.

☐ **1.** La politique de la ville est responsable de nombreux échecs.

☐ **2.** La politique de la ville a permis un vrai débat.

c. La décision du maire est sans appel : il construira de nouveaux logements sociaux à partir de 2011.

☐ **1.** La décision du maire peut être discutée.

☐ **2.** La décision du maire est irrévocable, définitive.

d. Le discours du maire, c'était de la poudre aux yeux !

☐ **1.** Le maire a été brillant et convaincant.

☐ **2.** Le maire a cherché à faire illusion.

3. Relisez l'encadré de vocabulaire, page 139, et complétez :

a. avec : *adopter – s'adapter – se fondre – s'intégrer – s'exiler – demander*

L'année dernière, Maria et José ont décidé de .... l'asile politique. Ils sont partis de leur pays natal et ont dû .... car la situation était de plus en plus difficile et dangereuse. Ils ont fait beaucoup d'efforts pour .... dans leur nouveau pays d'accueil. Au début c'était difficile car la culture était différente de la leur : ils devaient .... à de nouvelles habitudes, ... la langue du pays et en quelque sorte .... dans une nouvelle culture et un nouvel environnement.

b. avec : *naturalisation – visa – passeport – résident*

Pour voyager dans certains pays du monde, il suffit d'un .... Mais certains pays exigent un .... pour pouvoir entrer sur leur territoire. Une personne qui souhaite venir en France pour quelques années doit obtenir une carte de .... pour être en règle avec les autorités. Une personne immigrée qui a vécu et travaillé plusieurs années en France peut demander sa ....

4. Relisez « Le point sur... La France, terre d'immigration », page 139.

A. Dans le tableau, faites la chronologie des différentes migrations qui ont lieu sur le territoire français.

IIe siècle av. J.-C.				
Les Romains				
Colonisation du territoire. La langue (latin puis français) et le droit viennent des Romains.				

B. Répondez aux questions.

a. Quelles sont les craintes que certains Français expriment vis-à-vis des immigrés ?

....

b. Quels problèmes rencontrent certains Français issus de l'immigration ?

....

c. Quelle fausse idée avons-nous de l'immigration en France ?

5. 27 Écoutez le document sonore et dites ce qui oppose les deux sociologues au sujet du CV anonyme.

Jean-Marc Linois	Marie-Louise Dantrac

6. Lisez le texte sur le CV anonyme.

A. Répondez aux questions.

1. Pourquoi le gouvernement souhaite relancer le CV anonyme lors de l'embauche ?

2. En quoi consiste le CV anonyme ?

3. Pourquoi l'application du CV anonyme a-t-il été difficile depuis 2006 ?

4. En quoi va consister la nouvelle expérimentation du CV anonyme ?

5. Quel type d'entreprises a déjà expérimenté le CV anonyme ?

6. Comment les entreprises réagissent-elles face à cette expérimentation du CV anonyme ?

7. Quel dispositif sera proposé aux entreprises pour expérimenter ce nouveau type d'embauche ?

B. Trouvez les expressions ou les mots en vous aidant des définitions.

- *1er paragraphe* :

a. Démarrer :

b. Lancement :

- *2e paragraphe* :

c. Ne pas être nombreux :

- 3e *paragraphe* :

d. Passer, réussir une étape : ……………………

- 4e *paragraphe* :

e. Ne pas avoir de suite, effet inutile : ……………………

- 10e *paragraphe* :

f. Qui n'est pas un résultat en soi : ……………………

Relance du CV anonyme,

outil de lutte contre la discrimination à l'embauche

Le CV anonyme va-t-il enfin prendre son envol ? Le commissaire à la Diversité et à l'Égalité des chances, Yazid Sabeg, accompagné du ministre du Travail, Xavier Darcos, du ministre de l'Immigration, Éric Besson, et du secrétaire d'État à l'Emploi, Laurent Wauquiez, devait donner, mardi 3 novembre, le coup d'envoi de son expérimentation, voulue par le président de la République.
Depuis 2006, l'outil est inscrit dans la loi sur l'égalité des chances, qui l'a rendu obligatoire pour les entreprises de plus de 50 salariés. Mais le décret permettant son application n'a jamais été publié. L'accord national interprofessionnel signé par les partenaires sociaux le 11 octobre 2006 prévoyait que le CV anonyme soit essayé dans les entreprises volontaires et fasse l'objet d'un bilan, au plus tard au 31 décembre 2007. Mais là encore, cette évaluation n'a jamais été faite. Et pour l'heure les entreprises qui l'ont mis en place ne sont pas légion. Ce sont essentiellement de grandes sociétés, comme L'Oréal, Accor, Axa, la Snecma ou PSA-Peugeot Citroën.

L'idée du CV anonyme a été lancée par Claude Bébéar, alors président du conseil de surveillance de l'assureur Axa et fondateur de l'Institut Montaigne, dans un rapport de 2004 intitulé « Des entreprises aux couleurs de la France ». Pour favoriser la diversité des recrutements et lutter contre la discrimination à l'embauche, M. Bébéar suggérait le traitement anonyme des curriculum vitae. Des CV épurés du nom, de l'âge et de l'adresse des candidats, et ne faisant mention que de leur formation et de leur parcours professionnel, afin de leur permettre de franchir la barrière du premier entretien.

Malgré son inscription obligatoire par la loi pour les entreprises de plus de 50 salariés, le CV anonyme est resté lettre morte. Le patronat s'est toujours montré hostile à cette mesure dans un cadre contraignant. Pour nombre d'entrepreneurs, il reste un gadget.

Soucieux d'avancer sur le terrain de la diversité, qu'il dispute de longue date à la gauche, Nicolas Sarkozy a voulu relancer cette mesure. Dans un discours prononcé le 17 décembre 2008 à l'École polytechnique, il a souhaité que « le CV anonyme devienne un réflexe pour tous les employeurs », et soit expérimenté, sur la base du volontariat, dans 100 entreprises.

Préparée par l'équipe de Yazid Sabeg, cette expérimentation se déroulera, outre à Paris, dans six départements : la Seine-Saint-Denis, le Nord, le Rhône, les Bouches-du-Rhône, le Bas-Rhin, la Loire-Atlantique. Elle sera ouverte à toute entreprise volontaire, quelle que soit sa taille, société du CAC 40 comme PME.

Pour lever les réticences des employeurs, des pôles techniques seront mis à la disposition des entreprises pour les aider dans la mise en place et la gestion de l'outil. Animés par les antennes de Pôle emploi, les agences d'intérim Adecco, Adia et Manpower, ou encore l'un des douze cabinets de recrutement adhérents de l'association À compétences égales, ces pôles techniques se chargeront d'anonymiser, au moyen de logiciels appropriés, les CV reçus par les entreprises.

Près d'une cinquantaine de sociétés se sont déjà engagées à participer à l'expérimentation. Celle-ci s'appliquera aux offres d'emploi de toutes qualifications, pour des CDD, des CDI ou de l'intérim, exception faite des contrats en alternance. Il sera toujours laissé aux candidats le choix de soumettre leur CV de façon anonyme ou non.
« Adopter cet outil ne consiste pas à anonymiser toutes les candidatures. Il est important de laisser tous les canaux d'offres d'emplois. Il y a des personnes faisant partie des minorités visibles qui ne veulent pas être anonymisées », relève Éric Lemaire, porte-parole d'Axa. Dès 2005, la société d'assurances a mis en ligne un formulaire de candidature anonyme pour ses emplois de commerciaux. Elle réalise aujourd'hui, par ce biais, plus de 20 % de ses recrutements dans cette qualification. Très satisfaite de cette première expérience, l'entreprise va étendre le processus aux emplois administratifs.

Pour Axa comme pour toutes les autres entreprises l'ayant adopté, le dispositif doit nécessairement être complété par d'autres actions. « Il faut faire de la pédagogie, expliquer la démarche, former les managers, insiste M. Lemaire. Dans un contexte mondialisé, si l'on veut être efficace, il faut ressembler à la société qui nous entoure. » Le CV anonyme n'est pas une fin en soi, mais, appuie le commissaire à la Diversité, Yazid Sabeg, « c'est une mesure utile pour casser le mur du premier entretien en permettant de neutraliser les préjugés. Et pour une entreprise, c'est symboliquement fort. »

Laetitia Van Eeckhout
Le Monde, **03/11/2009**

Impliquez-vous !

Vous allez apprendre à :

- ☑ comprendre et rédiger une lettre administrative
- ☑ comprendre et commenter des textes sur le développement économique
- ☑ comprendre et commenter des textes sur la francophonie

Travail avec les pages Interactions

Vocabulaire

• bénévolat (n.m.)	élite (n.f.)	itinérant (adj.) ....
berline (n.f.)	forage (n.m.)	rutilant (adj.) ....
délégation (n.f.)	nocivité (n.f.)	• déverser (v.) ....
déploiement (n.m.)	sauveur (n.m.)	forer (v.) ....
eau potable (n.f.)	• bénévole (adj.)	fustiger (v.) ....

1. Relisez le texte pages 140-141 du livre de l'élève.

A. Dites si les affirmations sont vraies ou fausses. Justifiez.

	Vrai	Faux
a. Selon Gaston Kelman, l'association française n'a pas fait un réel acte humanitaire en creusant ce puits.	☐	☐
b. Ce sont des personnes du village qui ont fait appel à l'association française.	☐	☐
c. L'argent dépensé pour cet événement aurait pu aider à la construction d'autres puits.	☐	☐
d. Selon Gaston Kelman, enseigner aux villageois comment construire des puits serait plus utile.	☐	☐
e. L'élite dont parle Gaston Kelman est constituée de Français.	☐	☐

B. Trouvez les mots du texte qui correspondent aux définitions dans l'ordre de la lecture.

• *1er paragraphe*

a. Le fait d'être mauvais pour la santé, l'économie, etc. : ……

b. Critiquer, blâmer : ……

c. Creusement d'un puits : ……

d. Aide aux personnes : ……

• *2e paragraphe*

e. Brillant, étincelant : ……

f. Grosse voiture : ……

g. Outils du maçon : ……

h. Qui se déplace : ……

i. Quand l'eau peut être bue : ……

2. Complétez le tableau.

Créer	Création	Créatif	Créateur
	Nocivité		
Assister			
Immigrer			
		Inaugural	
	Bienfait		
	Nécessité		
	Sauvetage		
Élire			
Acheter			
Glorifier			

3. Barrez l'intrus.

a. Humanitaire – aide – agglomération – développement

b. Puits – marigot – sources – électricité – potable

c. Mauvais – nocif – dangereux – rutilant – malsain

d. Forage – voiture – berline – camion – véhicule

4. Complétez le texte avec les mots suivants :

pauvre – forage – développement – potable – autonome – pays – puits

Aider les autres pays à être ……

Plus de la moitié des fonds destinés à aider les …… pauvres proviennent de l'Union européenne et des 27 États membres.

La politique de ________________ ne se limite pas à fournir de l'eau ________________ ou à améliorer le réseau routier.

Certes, il y a de nombreux projets de ________________

de ________________.

L'Union européenne s'appuie aussi sur le commerce pour favoriser le développement en ouvrant les marchés aux exportations des pays ________________ et en les encourageant à intensifier leurs échanges.

Travail avec les pages Ressources

Vocabulaire

- répertoire (n.m.) ________________
- dispenser (des cours) (v.) ________________
- de vive voix (expr.) ________________

C'est à savoir

La lettre administrative

Se référer à la page 143 du livre de l'élève.

1. Voici une lettre administrative. Remettez les phrases dans l'ordre.

A. Mais ce train n'est jamais arrivé à destination. Il s'est longuement arrêté à la gare de Tournai, où l'on m'a informée de l'« incident caténaire » et un repas m'a été proposé pour nous faire patienter.

B. Objet : Demande de remboursement suite à un « incident caténaire » (Bruxelles-Paris Thalys)
Pièce jointe : un billet

C. Madame, Monsieur,
Ce vendredi 4 décembre, j'ai eu la malchance de me trouver dans le Thalys n° 4578 qui aurait dû arriver à Paris Nord à 14h05.

D. Finalement, le Thalys est reparti jusqu'à Lille où des agents de la SNCF m'ont fait descendre en me priant de continuer mon chemin en TGV jusqu'à Paris et m'ont remis un titre de transport.

E. En vous remerciant par avance, je vous prie d'agréer, Madame, Monsieur, mes salutations distinguées.

F. Résultat : je suis arrivée à Paris à 20h45, soit avec six heures de retard, et je n'ai pas pu assister à une réunion de travail très importante qui avait lieu à 16 h et mon entreprise a perdu un client.

G. C'est pourquoi, je vous serais très reconnaissante de me rembourser ce billet de transport d'une valeur de 75 euros.

H. Bruxelles, le 8 décembre 2009
Sophie Dove
Rue Veydt, 23 – 1060 Bruxelles – Belgique

Ordre des phrases : ________________

2. Complétez les passages de lettres administratives suivantes par les formules de politesse qui conviennent.

a. *Lettre au centre des impôts pour demander une rectification.*

Objet : erreur dans le calcul de l'impôt sur le revenu

Madame, Monsieur,

Par avis en date du 3 mai 2010, j'ai reçu mon avis de paiement au titre de l'imposition sur le revenu pour l'année 2009. Le montant s'élève à 2 560 euros. Pourtant, et après conseil pris auprès d'un inspecteur des impôts, il s'avère que le montant de mon imposition n'aurait pas dû dépasser la somme de 1 800 euros, compte tenu de mes revenus.

À ce titre, je me permettre de solliciter une révision du calcul de mes impôts.

En vous remerciant de votre compréhension et restant à votre disposition pour toute information,

Je vous prie de recevoir, Madame, Monsieur, l'expression de mes sincères salutations.

b. *Lettre à un maire pour obtenir une salle municipale*

Monsieur le Maire,

Je l'honneur de solliciter la mise à disposition de la salle Descartes, afin d'y organiser une réunion de famille. Cette réunion aura lieu le 27 juin de 10 h à 18 h. Le prestataire que nous avons retenu pour le service traiteur assurera le nettoyage des locaux une fois la manifestation terminée.

Je vous serais très reconnaissant de bien vouloir m'indiquer les conditions d'occupation de cette salle et s'il est nécessaire de contracter, pour la circonstance, une assurance particulière.

Vous en remerciant par avance, je vous prie de recevoir, Monsieur le Maire, l'expression de ma parfait consideration.

c. *Lettre à un directeur d'entreprise pour demander une augmentation de salaire.*

Monsieur le Directeur

Je suis au service de votre entreprise depuis quinze années, y ayant occupé successivement différents postes. Je pense avoir régulièrement donné satisfaction à mes supérieurs, et afficher des résultats significatifs dans le cadre du projet Pharaon. Cela me conduit à vous solliciter pour un nouvel ajustement de mon salaire.

Je vous serais donc reconnaissant de bien vouloir examiner ma demande et de me recevoir afin de discuter de la compatibilité entre mes prétentions et la gestion prévisionnelle des ressources humaines de notre entreprise.

Vous en remerciant par avance, je vous prie de recevoir, Monsieur le Directeur, en l'expression de mes sentiments respectueux.

3. Dites si les phrases suivantes appartiennent au langage soutenu (S), courant (C) ou familier (F).

a. Je m'en fiche, fais ce que tu veux. → ……

b. Tu es libre d'agir à ta guise. → ……

c. Je suis honoré de votre présence. → ……

d. Ça me fait très plaisir que vous soyez là. → ____________

e. Je vous prie de recevoir mes salutations distinguées. → ____________

f. Je vous embrasse. → ____________

g. Cordialement. → ____________

h. Bises. → ____________

i. Pendant longtemps, j'ai eu une piaule dans cette rue. → ____________

j. J'ai demeuré dans cette rue plusieurs années. → ____________

4. 28 Travaillez vos automatismes. Confirmez comme dans l'exemple.

Exemple : Vous devez avoir de bonnes connaissances en grammaire. Il le faut.

→ *Il faut que vous ayez de bonnes connaissances en grammaire.*

a. Vous devez être prudent dans votre décision politique. C'est nécessaire.

b. Nous devons venir en aide aux pays défavorisés. C'est impératif.

c. Tu dois écrire une lettre administrative. Il le faut.

d. Il doit utiliser les formules de politesse. C'est nécessaire.

e. Ils doivent finir ce travail avant de partir. C'est impératif.

f. Il doit intervenir dans la construction du puits. Ce serait bon.

g. Les actions humanitaires doivent avoir un impact sur le développement durable. Il le faut.

h. Les ouvriers doivent apprendre aux villageois à faire un puits. Ce serait utile.

i. Les associations ne doivent pas se contenter de faire de l'assistanat. Il ne le faut pas.

Travail avec les pages Simulations

Vocabulaire

- anglicisme (n.m.) ____________
baragouin (n.m.) ____________
barbarisme (n.m.) ____________
cénacle (n.m.) ____________
charabia (n.m.) ____________
émancipation (n.f.) ____________
excroissance (n.f.) ____________
fléau (n.m.) ____________
instance (n.f.) ____________
patois (n.m.) ____________
préambule (n.m.) ____________
sabir (n.m.) ____________
vecteur (n.m.) ____________
violation (n.f.) ____________
- châtié (adj.) ____________
déterminant (adj.) ____________
vassal (adj.) ____________
- amputer (v.) ____________
marginaliser (v.) ____________
métisser (se) (v.) ____________
propager (v.) ____________
traquer (v.) ____________
véhiculer (v.) ____________
- à part entière (expr.) ____________
tordre le cou (expr.) ____________
une idée reçue (expr.) ____________

1. Relisez le texte page 146 du livre de l'élève.

A. Répondez aux questions.

a. Quelles sont les conséquences linguistiques du métissage des langues ? Donnez deux exemples.

– ...

– ...

b. Quelles transformations la littérature francophone a-t-elle connues dans les anciennes colonies françaises ?

– ...

– ...

c. Quels avantages et quels inconvénients la mondialisation apporte-t-elle ?

– ...

– ...

d. Quel rôle la francophonie s'est-elle donné dans ce contexte de mondialisation ?

– ...

– ...

B. En vous aidant du texte page 146, trouvez les verbes qui correspondent aux définitions proposées, puis indiquez le substantif.

Exemple : Rendre similaire, semblable → uniformiser – uniformisation

• 1er *paragraphe*

a. Mélanger : ...

b. Colorer : ...

• 3e *paragraphe*

c. Diminuer : ...

d. Mettre de côté, placer à l'écart : ...

2. Anagrammes. Les lettres ont été mélangées, remettez-les dans l'ordre pour trouvez les mots en vous aidant des définitions.

a. catastrophe, calamité : L – É – U – A – F → ...

b. discours incompréhensible : R – A – H – A – C – I – B – A → ...

c. dialecte local : S – A – P – T – I – O → ...

d. libération : N – É – A – M – I – C – T – I – O – A – P – N → ...

e. mot emprunté à l'anglais : G – L – I – C – A – N – S – I – E – M → ...

3. Relisez l'encadré de vocabulaire page 147 et complétez les phrases avec le mot qui convient.

a. Ça fait six ans qu'il vit en France, on peut dire qu'il parle ... français. En revanche, il a quelques difficultés à l'écrit, il fait souvent des erreurs de ... et commet quelques ... .

b. Son discours était ... personne n'a compris ce qu'il voulait dire. C'était ... !

c. Mon examen s'est bien passé, mais à la dernière question de l'examinateur, j'ai commencé à perdre confiance, à ... et ... . C'était catastrophique !

d. Je parle bien anglais et russe et je peux ... quelques mots en danois.

e. Il est allé voir un orthophoniste en raison de ses problèmes d' ... .

f. Il maîtrise parfaitement la langue. Avec des intellectuels, il peut s'exprimer dans une langue ______ et avec ses copains dans une langue ______.

g. Je n'ai jamais bien compris le ______ scientifique. Ce sont des mots trop spécifiques qui sont réservés à des spécialistes.

4. Répondez aux questions en vous appuyant sur les textes des pages 144 à 147.

a. Quelles sont les principales valeurs véhiculées par la francophonie ?

b. Relevez les différentes organisations qui ont été créées dans le cadre de la francophonie.

c. Combien de personnes parlent-elles français dans le monde ?

d. Quels territoires sont restés français après la décolonisation ?

e. Tous les pays qui font partie de la francophonie sont-ils d'anciennes colonies françaises ? Développez.

5. 29 **Écoutez le document sonore.**

Aide à l'écoute

- ONG = Organisation non gouvernementale

A. Quelles idées opposent les deux personnes interrogées ? Complétez le tableau.

	Rôle de l'aide humanitaire
1re personne	Intervention ponctuelle dans les crises. Mais le politiques doivent faire le reste. L ONG ne peut assister de gens constamment
2de personne	il faut aider sans cesse L'aide doit être durable

B. Répondez aux questions.

a. Les personnes interrogées sont-elles salariées ? Non, ils sont bénévoles

b. Pour quelle raison la seconde personne interrogée parle-t-elle de papier et de stylo ? Développez.

Pour écrire sa idée pour donner les moyens à une personne qui a tout perdu.

6. Lisez les deux articles et répondez aux questions.

Aide à la lecture

• Oxfam : Organisation non gouvernementale (ONG).

Un loto en ligne pour financer le développement en Afrique

Le secrétaire d'État français à la Coopération a proposé la création d'un bingo ou d'un loto comme complément à l'aide au développement de l'Afrique. La proposition a suscité des réactions contrastées.

La France étudie « la création d'un jeu spécifique pour l'Afrique », un loto ou un bingo en ligne, qui compléterait l'aide publique au développement et s'inscrirait dans le cadre des « financements innovants », a déclaré jeudi le secrétaire d'État à la Coopération Alain Joyandet.
Ce « jeu en ligne », qui pourrait voir le jour en 2010, prendrait la forme d'un « bingo pour l'Afrique ou d'un loto », a-t-il précisé, en réponse à une question sur les idées en cours pour accroître les « financements innovants ».
« Il pourrait rapporter environ 10 millions d'euros par an », a estimé le secrétaire d'État, de retour jeudi d'une tournée dans trois pays africains, la Guinée, le Mali et la Mauritanie.
« Une partie de la mise irait à la bonne cause, permettant de sensibiliser la population » à l'aide des plus pauvres et mobiliser « les diasporas », a-t-il fait valoir, en indiquant en avoir parlé avec la Française des Jeux, l'entreprise publique qui gère les jeux et les paris en France. Un tel jeu pourrait être exporté en Europe, selon lui.
La proposition a suscité des réactions diverses. Le Conseil représentatif des associations noires (CRAN) s'est dit étonné que les conséquences symboliques d'une association entre l'aide au développement et un jeu n'aient pas été prises en compte : « Adosser cette aide à un jeu de hasard est peu moral », a-t-il déclaré.
Pour le CRAN, les 10 millions d'euros par an que rapporterait ce « Bingo pour l'Afrique » sont dérisoires par rapport aux besoins de financement des objectifs du Millénaire pour le développement (OMD) qui ont été évalués par les experts des Nations unies à plus de 150 milliards de dollars par an, soit moins de 0,01 % de ces besoins.
Par ailleurs, Oxfam France a dénoncé que « la coopération française ne doit pas être aussi imprévisible qu'une loterie. Une aide efficace exige avant tout des fonds pérennes et prévisibles, à l'opposé de ce que la coopération française bilatérale propose aujourd'hui ».
Le système dit des « financements innovants » pour lutter contre la pauvreté et les maladies a comme application la plus connue une taxe sur les billets d'avion, adoptée par une quinzaine de pays et envisagée par une trentaine d'autres.
À l'étude, figurent aussi une réduction des coûts bancaires des transferts d'argent des migrants vers leurs pays d'origine, une imposition sur les transactions financières et de change, une contribution volontaire de 50 centimes sur les billets de trains internationaux, et une autre de 20 centimes d'euro par manuel scolaire payé par les collectivités locales.
Depuis leur création il y a trois ans, les « financements innovants » ont permis de récolter deux milliards de dollars qui s'ajoutent à l'aide publique mondiale au développement (119 milliards de dollars en 2008).

L'Express, 07/08/2009

« La loterie de charité a un grand avenir en France »

Ancien de la Française des Jeux et cofondateur de Ludwin, une société de conseil spécialisée dans les jeux d'argent, Christophe Caye se porte candidat à l'organisation d'une loterie humanitaire de masse.

Alain Joyandet, le secrétaire d'État à la Coopération, a évoqué récemment la création d'un jeu pour l'Afrique qui compléterait l'aide publique au développement. Que proposez-vous ?

Notre société, Ludwin Group, est spécialisée dans l'organisation de jeux d'argent à travers le monde. Nous travaillons notamment avec des pays en développement pour leur fournir des concepts de jeux et le matériel informatique nécessaire.
Nous observons depuis plusieurs années que les jeux instantanés de type SMS connaissent une rapide croissance en France. L'idée nous est venue d'associer les deux dans le cadre d'une loterie humanitaire. Voilà un an que nous travaillons sur ce concept et il pourrait être mis en place dès la fin de l'année 2009.
En proposant notre formule par SMS et Internet, 25 % à 30 % des mises, fixées à 50 centimes par jeu, pourraient alimenter le financement d'actions en Afrique, mais aussi partout dans le monde. On évalue à 10 millions d'euros par an la somme qui pourrait ainsi être reversée dans le cadre de la coopération.

Qu'en dit le gouvernement ?
Nous avons envoyé une lettre à M. Joyandet à la suite de sa déclaration le 5 août dernier dans le *Journal du Dimanche*. Pour l'instant nous n'avons pas encore de réponse mais pour un mois d'août, c'est tout à fait normal (*rires*). Même si légalement nous avons le droit de lancer seul ce concept, nous attendons l'accord et la coopération de l'État. Nous n'avons pas l'habitude de pratiquer le sensationnalisme, nous désirons que tous les acteurs concernés soient réellement partants dans ce projet ambitieux. Nous sommes convaincus que la loterie de charité a un grand avenir en France.

Que répondez-vous au Conseil représentatif des associations noires qui voit un problème moral à associer jeux de hasard et financement du développement ?
Bien évidemment, 10 millions d'euros c'est clairement insuffisant pour régler tous les problèmes du monde, mais c'est mieux que rien. Bien réparties, ces sommes peuvent être réellement utiles. Nous réfléchissons aussi à la possibilité pour le joueur de choisir l'association à laquelle il veut venir en aide. À terme, l'objectif est de développer notre concept également en Amérique du Nord. Ainsi, nous pourrions dégager des sommes beaucoup plus élevées pour venir en aide à ceux qui en ont besoin.
Propos recueillis par Grégory Raymond,

L'Express, 14/08/2009

a. De quoi parlent ces deux articles ?

b. Qui est Alain Joyandet ?

Que propose-t-il ?

c. Qui est Christophe Caye ?

Quelle idée voudrait-il mettre en place ? Donnez des informations précises (date, rapport estimé, etc.).

d. Quels seraient les avantages du projet dont il est question ?

e. Ce projet fait-il l'unanimité ? Pour quelles raisons ?

Je condamne

Vous allez apprendre à :

- ☑ atténuer ou modérer un discours
- ☑ exprimer le droit, parler de justice
- ☑ préparer un débat

Travail avec les pages Interactions

Vocabulaire

• amendement (n.m.) ______	radar (n.m.) ______	récupérer (v.) ______
badaud (n.m.) ______	sanction (n.f.) ______	• avoir une incidence sur (expr.) ______
emballement (n.m.) ______	• indélicat (adj.) ______	en goguette (expr.) ______
festivalier (n.m.) ______	• assouplir (v.) ______	
infraction (n.f.) ______	brouiller (v.) ______	

1. Relisez le texte « Doit-on la condamner ? » page 148 du livre de l'élève. Répondez aux questions.

a. Quel événement a lieu à Avignon chaque année en juillet ?

______

b. Qui est à l'origine de cette manifestation ? Dans quels buts l'a-t-on créée ?

______

______

c. Précisez les circonstances de l'incident relaté dans cet article.

– lieu : ______

– date : ______

– type d'incident : ______

– auteur : ______

– conséquences de l'incident (trouvez trois conséquences) : ______

______

______

______

– motivation de l'auteur de l'incident : ______

______

d. Le geste de la jeune femme peut-il trouver une justification dans les idées de Jean Vilar ?

______

______

2. Relisez le texte du forum « Les garçons et les filles séparés... » page 149 et dites si les affirmations sont vraies ou fausses. Justifiez.

	Vrai	Faux
a. Selon les enseignements, les écoles pourront décider de ne pas respecter le principe de mixité.	☐	☐
b. Les syndicats et les parents d'élèves ont vivement manifesté pour empêcher le vote de cet amendement.	☐	☐
c. Ce nouvel amendement est sans lien avec le droit européen.	☐	☐

3. Remplacez les mots en italique par des mots de la liste de vocabulaire ci-dessus.

a. Dans les rues d'Avignon, durant le Festival, des *promeneurs* .... s'attardent devant les spectacles de rues.

b. Il a été durement puni pour son acte. Il a pris connaissance de *la punition* .... hier, il devra payer 15 000 euros d'amende.

c. Il a manifesté tellement d'*enthousiasme* .... pour ce projet éditorial que nous avons décidé de l'embaucher.

d. Les députés de l'opposition s'opposent au projet de réforme du gouvernement. Ils ont déposé de nombreuses propositions de *modifications* ....

e. Endommager une œuvre d'art peut *avoir une conséquence* .... grave pour l'auteur d'un tel acte.

4. À quel domaine ces mots se réfèrent-ils ? Placez-les dans le tableau.

infraction – condamner – festival – porter plainte – sénatrice – théâtre – tableau – gouvernement – spectateur – législation – amendement – citoyen – exposition – Parlement – œuvre – collection – Conseil d'État – député – directive – ~~musée~~

Art	Justice	Politique
musée –		

Travail avec les pages Ressources

Vocabulaire

- amortir (v.) ....
- émousser (s') (v.) ....
- restituer (v.) ....
- restreindre (v.) ....
- tasser (s') (v.) ....
- tronquer (v.) ....
- une circonstance atténuante (expr.) ....
- à l'encontre de (expr.) ....

C'est à savoir

Atténuer et modérer un discours

Se référer à l'encadré de la page 151 du livre de l'élève.

1. Observez les affirmations suivantes. Dites si elles sont écrites de manière atténuée ou brutale. Indiquez les formes de l'atténuation.

1. Style direct
2. Style atténué

a. Je ne supporte pas ce travail. → 1
b. Le nouveau directeur serait particulièrement exigeant. → 2
c. Il n'a pas un physique facile. → 2
d. *Elle est stupide.* → 1
e. Ne serait-il pas préférable d'abandonner les poursuites judiciaires ? → 2
f. Nous refusons toute négociation. → 1
g. Ce discours est très mauvais. C'est catastrophique ! → 1
h. Certains ont appelé à manifester contre le projet de réforme. → 2
i. Nous souhaiterions une augmentation de salaire. → 2
j. Nous voulons une amélioration des conditions de travail. → 1
k. Les faits de violence se multiplient dans les collèges. → 2

2. Atténuez la force des opinions suivantes en employant un euphémisme (E) ou la négation du contraire (N).

À la sortie du cinéma

a. Ce film est nul ! (N) → n'est pas le mieux
b. Il est interminable. (E) → il y a quelques longueurs
c. On ne comprend rien à ce que disent les acteurs. (N) → les acteurs ne sont pas clares.
d. François Richard est inexistant. (E) → il n'est pas très connu !

Après une soirée chez Olivier

e. Olivier n'est pas fait pour vivre avec Lise. (E) → Olivier à problemes à vivre avec Lise
f. C'est un dragueur. (N) → il n'est pas lent avec les femmes

g. Je le trouve bête. (N) → Je ne le trouve pas très brillant

h. Il s'est comporté comme un rustre. (E) → Il ne s'est pas comporté correctemen

3. Reformulez les phrases suivantes en utilisant la forme pronominale à sens passif.

a. Reformulez en supprimant « on ».

Tendances de la consommation

Exemple : (1) *Les huîtres et le foie gras se consomment surtout à l'époque de Noël.*

(1) C'est surtout à l'époque de Noël qu'on consomme des huîtres et du foie gras.

(2) En ce moment, on lit beaucoup de biographie. Les biographies se lisent beaucoup en ce mom

(3) Cette année, on porte beaucoup de vêtements noirs. Les vêtement noirs se portent beaucoup en cette

(4) On peut discuter le prix d'achat d'une voiture. Le prix d'achat d'une voiture peut se discuter

(5) On boit de plus en plus de thé vert. Le thé vert se boit de plus en plus.

b. Employez la forme « *il* impersonnel + forme pronominale ».

Exemple : (1) *Cette année, il s'est acheté plus d'un million de téléphones mobiles.*

(1) Cette année, les Français ont acheté plus d'un million de téléphones mobiles.

(2) Ils ont bu moins d'eau minérale que les années précédentes. Il s'est bu moins d'eau minerale que les a

(3) Les commerçants ont vendu moins de vin. il c'est vendu moins de vin

(4) Les éditeurs ont publié moins de livres lors de la rentrée littéraire. il s'est publié moins de livres lors de la rentrée litteraire

4. Complétez les phrases avec une expression qui atténue le contenu du discours.

a. .... la situation est pire que l'année dernière.

b. .... l'entreprise devra licencier une dizaine de personnes.

c. .... je dirai qu'il est vraiment stupide et incompétent.

d. .... vous êtes renvoyé !

5. 30 **Travaillez vos automatismes. Confirmez comme dans l'exemple.**

Exemple : Tu veux lui parler du festival ? → Je ***veux lui*** *en parler.*

a. Vous voulez voir l'exposition de peintures ?

b. Vous voulez aller au festival d'Avignon ?

c. Les syndicats d'enseignants veulent-ils changer la loi ?

d. Ils ont parlé de leurs projets au ministre ?

e. 100 000 conducteurs ont-ils perdu des points ?

f. Ils n'ont pas mis leur ceinture de sécurité ?

Travail avec les pages Simulations

Vocabulaire

- • actif (bancaire) (n.m.) ....
- argutie (n.f.) ....
- contravention (n.f.) ....
- couche-culotte (n.f.) ....
- escroquerie (n.f.) ....
- faribole (n.f.) ....
- grief (n.m.) ....
- lueur (n.f.) ....
- marchandisation (n.f.) ....
- préjugé (n.m.) ....
- récession (n.f.) ....
- réclusion criminelle (n.f.) ....
- sentence (n.f.) ....
- surcroît (n.m.) ....
- trompe-l'œil (n.m.) ....
- trophée (n.m.) ....
- uranium (n.m.) ....
- • anxiogène (adj.) ....
- blafard (adj.) ....
- dupe (adj.) ....
- futile (adj.) ....
- incompressible (adj.) ....
- indécent (adj.) ....
- préconçu (adj.) ....
- • aliéner (v.) ....
- blâmer (v.) ....
- confondre (qqn) (v.) ....
- débouter (v.) ....
- délibérer (v.) ....
- duper (v.) ....
- stigmatiser (v.) ....
- trancher (v.) ....
- • naguère (adv.) ....
- • à charge (de) (expr.) ....
- à décharge (expr.) ....
- acquis social (expr.) ....
- en tout état de cause (expr.) ....
- être passible de (expr.) ....
- faire appel (expr.) ....
- faire bon ménage (expr.) ....

1. Travailler le dimanche, pour ou contre ? En vous appuyant sur le texte page 153 du livre de l'élève, imaginez les réponses de Jacques Julliard face aux affirmations suivantes.

a. Travailler le dimanche permettra à un salarié de gagner un salaire plus important.

....

b. Les personnes achèteront davantage car ils auront un jour de plus pour faire les magasins.

....

c. Les petits commerces pourront augmenter leur chiffre d'affaires.

....

d. Ouvrir les commerces le dimanche donnera une plus grande liberté aux citoyens.

....

....

e. Le gouvernement à l'unanimité est favorable à cette proposition.

....

2. Relisez le texte page 154 du livre de l'élève et dites si les affirmations sont vraies ou fausses. Justifiez.

	Vrai	Faux
a. L'auteur de l'article compare un joueur de football à un bien économique.	☐	☐
b. Le joueur Ronaldo va recevoir la somme d'argent de 93 millions d'euros pour son transfert du club de Manchester au club de Madrid.	☐	☐
c. Avoir Ronaldo dans son équipe est pour le club de Madrid un enjeu économique et financier.	☐	☐
d. Philippe Villemus pense qu'un instituteur est plus utile qu'une star de cinéma.	☐	☐
e. Selon Philippe Villemus, ce qui fait la valeur de Sharon Stone, de Zidane, de Van Gogh et de Johnny Hallyday, c'est le fait qu'ils soient tous les quatre des gens très connus.	☐	☐

3. Certains mots de cet article ont été effacés. Pouvez-vous les retrouver ?

Hier a eu lieu le procès de Romain Prouteau. Cet agent d'une compagnie d'assurance était ………… d'avoir vendu de faux contrat à des clients.

Ce délit d' ………… est passible d'une ………… 5 ans de prison et de 100 000 euros d' ………… .

Les ………… retenues contre Prouteau étaient accablantes. Plus de trente victimes sont venues ………… contre lui.

Malgré la ………… remarquable de son avocat, Romain Prouteau a été condamné à 2 ans de prison.

Prouteau et son avocat ont estimé que le ………… était trop sévère.

4. Lisez « Le point sur... la justice en France ».

A. Répondez aux questions en relevant le passage du texte en exemple.

a. Sur quels textes juridiques se réfère le droit français ?

b. Comment appelle-t-on le type d'infraction le plus grave ?

c. Une affaire de vol de voitures est-elle jugée devant un jury populaire ?

d. En France, peut-on, en cas de crime très grave, demander la peine de mort ?

e. Relevez les différents avocats présents lors d'un procès.

f. Dans un procès en cour d'assises, qui décide de la sentence ?

g. Est-ce qu'un meurtre peut être condamné à moins de dix ans de prison ?

B. Placez dans le tableau les différentes infractions décrites ci-dessous.

a. Le président de la société Perlinpinpin a détourné plus de 2 millions d'euros. Il vient d'être arrêté dans une île du Pacifique.

b. Crime passionnel ou vengeance ? Le mari de Jocelyne Dupin a été arrêté pour assassinat de sa femme avec préméditation.

c. Boire ou conduire ? Les deux jeunes gens viennent d'être contrôlés par la police. Ils avaient plus de 0,50 g/litre d'alcool dans le sang.

d. Les malfaiteurs sont partis avec le coffre de la banque, après un vol à main armée bien étudié, mais ils ont été interceptés à la frontière.

e. La vitrine du magasin était brisée et de nombreux dégâts avaient été commis à l'intérieur. Heureusement, la caisse était encore là.

f. Les auteurs des injures prononcées à l'égard du ministre seront condamnés.

g. Ce n'était pas son premier vol de scooters. Il avait déjà quatre vols à son actif.

h. Il a fait deux chèques dans ce magasin de luxe sans avoir aucun argent sur son compte. Une somme de 8 000 euros pour un compte totalement vide !

Contraventions	Délits	Crimes
c. –		

5. 31 Écoutez le document sonore et complétez le tableau.

	Pour	Contre	Arguments
Personne 1			
Personne 2			
Personne 3			
Personne 4			
Personne 6			
Personne 6			

6. Lisez l'article et dites si les affirmations sont vraies ou fausses. Puis justifiez.

Aide à la lecture

• *Horeca* : Hôtel – Restaurant – Cafés.

CARTE BLANCHE

Pourquoi les Belges n'ont-ils pas droit à des cafés sans fumée ?

Le 24 février, 79 % des habitants de Genève se sont prononcés par référendum pour une interdiction de fumer dans le secteur horeca. Le soutien populaire a été grand et la législation proposée était claire : pas d'ambiguïté, pas d'aires pour les fumeurs, pas de confusion dans les textes, mais une protection totale et la création d'un environnement entièrement sans fumée à partir du 1er juillet. En 2008, plus de 200 millions d'Européens disposent déjà d'un secteur horeca sans tabac.

En Belgique, il est interdit de fumer dans les restaurants depuis janvier 2007. Cependant, les cafés et les débits de boissons ne sont pas concernés par cette interdiction alors que c'est là que l'exposition au tabagisme passif est la plus importante. La législation est complexe et parfois mal respectée à cause des multiples exceptions. Selon une enquête effectuée en 2007 à la demande de la Fondation contre le cancer, 85 % des Belges sont partisans de l'interdiction de fumer dans les restaurants et 61 % soutiennent l'adoption d'une mesure similaire dans les cafés.

L'interdiction de fumer dans les restaurants a été un soulagement pour le personnel qui affirme clairement subir moins de nuisances dues à la fumée. 83 % des travailleurs des restaurants ou des tavernes où une interdiction de fumer a été instaurée sont d'avis que les nuisances dues à la fumée de tabac, comme des yeux irrités, la toux ou des habits malodorants, ont diminué depuis l'interdiction.

Au 1er janvier 2004, pas un seul pays européen n'avait encore introduit d'interdiction de fumer dans les cafés et les restaurants. Depuis, une législation antitabac est entrée en vigueur dans quatorze pays européens : l'Irlande, la Norvège, l'Italie, Malte, la Suède, l'Écosse, la Lituanie, l'Islande, l'Estonie, l'Angleterre, la Slovénie, la France, la Finlande et plusieurs cantons en Suisse et Länder en Allemagne. Le secteur horeca sans tabac deviendra réalité le 1er juillet 2008 dans un pays voisin : les Pays-Bas. Et même en Turquie, une législation similaire entrera en vigueur en 2009.

Si une telle législation est possible en France, pourquoi ne le serait-elle pas en Belgique ? Si une telle législation est respectée en Italie, pourquoi ne le serait-elle pas en Belgique ? Dans tous les pays qui ont adopté une interdiction totale de fumer dans le secteur horeca, l'initiative est un succès. La population est enthousiaste et la législation est respectée. Boire une bière sans nuages de fumée est un plaisir qu'on a du mal à expliquer. Selon une enquête d'Eurostat réalisée en 2005, ce sont les pays où ces mesures sont déjà en vigueur qui manifestent le soutien le plus marqué (plus de 80 % en Irlande, en Italie, à Malte et en Suède), des résultats qui attestent de la popularité des mesures antitabac.

L'article 8 de la Convention-cadre de l'Organisation mondiale de la Santé (OMS) relative au contrôle du tabac précise qu'il est scientifiquement établi que l'exposition à la fumée de tabac entraîne la maladie, l'incapacité et la mort. La Belgique a signé et ratifié la Convention-cadre de l'OMS. La Belgique s'est engagée en juillet 2007 à Bangkok lors de la deuxième conférence des pays qui ont ratifié cette convention à prendre « *des mesures efficaces de protection contre l'exposition à la fumée du tabac comme celles qui sont envisagées à l'article 8 de la Convention-cadre de l'OMS qui passent par une interdiction totale de fumer et par une élimination totale de la fumée du tabac dans un espace ou un environnement donné afin de créer un environnement 100 % sans tabac* ».

La grande majorité de la population est favorable à une interdiction totale de fumer. Il est plus que temps que la Belgique franchisse le pas et suive l'exemple des autres pays européens. L'expérience nous a appris que les lois confuses sont difficiles à faire appliquer. C'est pourquoi seule une législation simple et qui ne comporte pas d'exceptions rencontrera l'approbation de la population.

Luk Joossens et Michel Pettiaux,
porte-parole de la Coalition nationale contre le tabac.
Le Soir, 11/03/2008

	Vrai	Faux
a. L'article parle d'une réforme interdisant le tabac dans les lieux publics en Belgique.	☐	☐
b. 79% des Belges sont favorables à l'interdiction du tabac dans les lieux publics.	☐	☐
c. Le tabagisme passif est très significatif, en particulier dans les restaurants.	☐	☐
d. Il est interdit de fumer dans tout le secteur horeca en Belgique depuis janvier 2007.	☐	☐
e. En 2007, la majorité des Belges souhaitait l'interdiction de la fumée dans le secteur horeca.	☐	☐
f. La Belgique n'a pas encore signé la convention de l'OMS sur le contrôle du tabac.	☐	☐
g. Au 1er janvier 2004, quatorze pays de l'Union européenne avaient adopté la loi anti-tabac.	☐	☐

Unité 4

Leçon 16

Et si on le faisait ?

Vous allez apprendre à :

- ☑ rapporter des paroles, faire un compte rendu
- ☑ comprendre ou exposer un projet politique
- ☑ comprendre des textes à caractère économique et social

Travail avec les pages Interactions

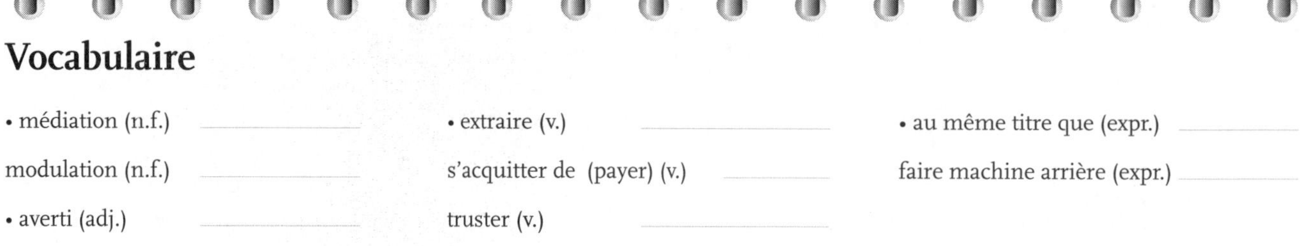

Vocabulaire

• médiation (n.f.) ....
modulation (n.f.) ....
• averti (adj.) ....
• extraire (v.) ....
s'acquitter de (payer) (v.) ....
truster (v.) ....
• au même titre que (expr.) ....
faire machine arrière (expr.) ....

1. Relisez le texte page 156 du livre de l'élève.

Dites si les affirmations suivantes sont vraies ou fausses. Justifiez en vous aidant du texte.

	Vrai	Faux
a. Les deux spécialistes interrogés pensent qu'il faut développer l'enseignement de l'art dès l'école.	☐	☐
b. Tous les musées nationaux français sont aujourd'hui gratuits.	☐	☐
c. Jean-Michel Tobelem fait remarquer que le prix des billets des musées a augmenté.	☐	☐
d. Les musées en Angleterre sont gratuits.	☐	☐
e. Selon Yves Michaud, la gratuité des musées peut entraîner dans certains cas des dégradations de la part des visiteurs.	☐	☐
f. Yves Michaud pense qu'il faudrait adapter le prix des billets dans les musées.	☐	☐

Travail avec les pages Ressources

Vocabulaire

• desserte (n.f.) ______	rallonge (n.f.) ______	méritoire (adj.) ______
locomotive (n.f.) ______	• conciliant (adj.) ______	• alerter (v.) ______
produit d'appel (n.m.) ______	formaté (adj.) ______	

C'est à savoir

Le discours rapporté
Se référer à l'encadré de la page 158 du livre de l'élève.

1. Observez l'encadré page 158 et complétez les phrases :

A. avec les expressions qui conviennent.

a. ______ Jean-Michel Tobelem, la gratuité des musées est nécessaire.

b. ______ lui, cela encouragera les gens à y aller.

c. ______ le directeur d'option Culture, il faudrait aussi instaurer des cours d'histoire de l'art dès l'école élémentaire.

B. avec les verbes au passé qui conviennent (§ 1 du tableau).

d. La conseillère municipale ______ la séance en affirmant qu'il fallait aider le cinéma Comédia.

e. Elle ______ que des subventions seraient débloquées dès le début de l'année 2010.

f. Enfin, à la fin de la rencontre, elle ______ en promettant de trouver des solutions concrètes au plus vite.

2. Reformulez les phrases suivantes au discours rapporté comme dans l'exemple.

Exemple : Le directeur a dit : « Nous étudierons cette question à la fin de l'année. »

→ *Le directeur a dit qu'ils étudieraient cette question à la fin de l'année.*

a. Le conseiller juridique a annoncé : « Si vous dépassez la somme prévue par la loi, le Multiplex vous fera un procès. »

______

b. Le directeur a ajouté : « Nous ne pouvons pas augmenter le prix des places. »

______

c. Le conseiller juridique a dit : « Il y a une solution qui consiste à inscrire la salle à l'inventaire des monuments historiques. »

______

d. La présidente de l'association a ajouté : « Je ne comprends pas ce que veulent les gérants du Multiplex. »

______

e. La conseillère municipale a terminé en disant : « On doit se revoir très vite et nous essaierons de faire avancer les choses. »

______

3. Rapportez les phrases du directeur en utilisant les verbes suivants au passé.

ajouter – demander – répondre – confirmer – annoncer – dire

Réunion dans l'entreprise

a. « Je suis heureux que tous les employés soient réunis. »

Le directeur *a dit qu'il* ....

b. « Fermez la porte et asseyez-vous ! »

Il ....

c. « Notre directeur des Ressources humaines ne sera pas présent, il participe à une conférence. »

Il ....

d. « Non, j'ai demandé des subventions auprès de la mairie. »

Il ....

e. « D'autre part, nous sommes sûrs d'avoir un prêt de la banque. »

Il ....

f. « De plus, comme je vous l'ai déjà dit, vous recevrez une prime et une réévaluation de vos salaires. »

Il ....

g. « Avez-vous d'autres questions ? »

Il ....

4. Transformez le récit suivant en dialogue, en respectant le temps des verbes.

Hier, mon copain Arnaud m'a demandé si j'allais chercher un nouveau travail.

Je lui ai répondu que oui.

Puis il a ajouté qu'il avait vu une annonce qui pourrait m'intéresser. Il s'agissait d'un contrat à durée indéterminée.

Je l'ai remercié. Je lui ai demandé de m'envoyer l'annonce par courriel.

Il a affirmé qu'il m'aiderait dans ma recherche de travail.

Il m'a demandé si j'avais rédigé mon CV.

....

....

....

....

....

....

5. 32 Travaillez vos automatismes : rapportez les paroles.

Exemple : Tu vas participer à la conférence sur l'environnement ?

→ *Il m'a demandé si j'allais participer à la conférence sur l'environnement.*

a. C'est une conférence importante.

b. Tu as préparé ton discours ?

c. Étudie avec soin le dossier des pays émergents !

d. La délégation française sera-t-elle nombreuse ?

e. J'espère que cette rencontre sera utile.

f. Tiens-moi au courant !

Travail avec les pages Projet

• apprenti (n.m.) ______	gisement (n.m.) ______	impulser (v.) ______
boulon (n.m.) ______	matière organique (n.f.) ______	initier (v.) ______
canton (n.m.) ______	norme (n.f.) ______	perdurer (v.) ______
circonscription (n.f.) ______	permanence (n.f.) ______	vibrer (v.) ______
compensation (n.f.) ______	pis-aller (n.m.) ______	• du pain sur la planche (expr.) ______
coup de pouce (n.m.) ______	rouage (n.m.) ______	entrer en vigueur (expr.) ______
créneau porteur (n.m) ______	vis (n.f.) ______	gare à (expr.) ______
ébauche (n.f.) ______	volontarisme (n.m.) ______	passer au crible (expr.) ______
floraison (n.f.) ______	• éclore (v.) ______	tout un chacun (expr.) ______

1. Relisez le texte de la page 161.

A. Quel vocabulaire particulier est employé dans les phrases suivantes ? Reformulez ces phrases avec d'autres mots.

a. « Ces emplois verts ne *pousseront* pas tout seuls » → ______

b. « Il faut les aider à *éclore* » → ______

c. « La *floraison* de millions d'emplois » → ______

B. Cochez la signification correcte des phrases suivantes :

a. « Il a passé au crible des dizaines d'expériences »

☐ **1.** Il a éliminé des dizaines d'expériences non concluantes.

☐ **2.** Il a étudié attentivement des dizaines d'expériences.

☐ **3.** Il a sélectionné des dizaines d'expériences.

b. « Ceci devrait permettre au BTP de garder la tête hors de l'eau en ces temps de crise. »

☐ **1.** Ceci devrait poser des difficultés au secteur du BTP, en particulier en raison de la crise actuelle.

☐ **2.** Ceci devrait confirmer le fait que le BTP est dans une période de crise.

☐ **3.** Ceci devrait aider le secteur du BTP à ne pas être trop touché par la crise.

c. « Du pain sur la planche »

☐ **1.** Il y a beaucoup de travail à faire.

☐ **2.** On a beaucoup d'argent.

☐ **3.** On a de nombreux projets.

C. D'après le texte, confirmez, infirmez ou nuancez les affirmations suivantes.

a. En France, le secteur de l'environnement ne crée pas d'emplois.

______

b. La création d'emplois verts dépend de la volonté politique des États.

______

c. Pour trouver un emploi dans le secteur de l'environnement, il faut avoir une bonne qualification générale.

______

2. Remplacez les mots en italique par un antonyme.

a. 150 employés *ont été licenciés* ______ ces trois dernières années.

b. Il a obtenu un contrat à durée *déterminée* ______ .

c. Dans les années 80, on a observé une *abondance* ______ de produits laitiers.

d. Dans le secteur automobile, plus de 20 000 postes sont *pourvus* ______ cette année.

e. De nombreux jeunes trouvent un emploi *liés à* ______ leur formation universitaire.

f. Il faudra développer des investissements à *court terme* ______ .

g. On a observé *un manque d'aide* ______ aux entreprises.

3. Barrez l'intrus.

a. Recruter – former – embaucher – licencier – employer

b. Apprenti – stagiaire – formateur – employé

c. Travail – métier – profession – chômage – contrat

d. Carence – pénurie – manque – floraison

e. Indemnité – allocation – salaire – subvention – aide

f. Vis – clou – boulon – marteau – écrou – crochet

g. Entreprise – université – start-up – société – fabrique

4. Complétez les phrases avec un mot de la liste.

abandonner – aspirer – promouvoir – combler un manque – concevoir – lancer

a. L'entreprise automobile va ______ de nouveaux modèles de voitures non polluantes.

b. L'Union européenne va ______ la recherche scientifique en lançant une campagne d'information sur les centres de recherche.

c. De nombreux immeubles vont se construire, nous devons donc ______ de main-d'œuvre dans le secteur du bâtiment.

d. En raison de problèmes financiers, nous avons dû ______ le projet et ______ de nouvelles pistes de réflexion.

e. Grâce à la prise de conscience du changement climatique, les citoyens vont de plus en plus ______ à des villes vertes et à une vie plus saine.

5. Lisez « Le point sur... les gens de pouvoir et d'influence » et répondez aux questions.

a. À quelles personnalités politiques tout citoyen peut-il faire appel en cas de problème ?

______

b. Est-il possible de les rencontrer directement ? ______

______

c. Quelle critique est faite aux syndicats français ?

______

d. Quel est le rôle des syndicats ? ______

______

e. La vie associative est-elle importante en France ? ______

______

f. Si l'on est isolé dans une ville, quel est l'un des moyens de rencontrer des gens ?

g. Quelles sont les religions les plus pratiquées en France après la religion catholique ?

6. 33 **Écoutez le document sonore et complétez le tableau.**

	1er discours	2e discours
Qui parle ?		
À qui ?		
Quelles informations donne celui (celle) qui parle ?		
Quelles sont les intentions de celui (celle) qui parle ?		

Préparation au DELF B2

• Compréhension de l'oral

Reportez-vous aux activités des leçons 13 à 16 : « Écoutez le document sonore. »

[Leçon 13, page 116, exercice 5 – Leçon 14, page 124, exercice 5 – Leçon 15, page 133, exercice 5 – Leçon 16, page 141, exercice 6]

• Compréhension des écrits

Lisez ces trois articles de *L'Expansion* (novembre 2008) et répondez aux questions.

ÉCONOMIE

Strasbourg, une longueur d'avance sur les transports durables

La capitale de l'Alsace sort grande gagnante de notre classement des villes françaises les plus « vertes ». Elle a bâti son succès sur une politique de transports volontariste, respectueuse du paysage urbain et de l'environnement. Dès le début des années 90, Strasbourg a interdit le transit automobile par l'hypercentre et a créé des places de stationnement à l'entrée de la ville « pour dissuader le déferlement des voitures et changer l'état d'esprit des habitants, souligne Roland Ries, le maire socialiste. Nous avons aussi lancé un vaste plan de développement des modes de transport doux. » Si le vélo est très prisé des Strasbourgeois, grâce au plus grand réseau de pistes cyclables de France (près de 500 kilomètres), la ville peut se flatter de posséder aussi le premier réseau maillé de tramways, avec 54 kilomètres de lignes. Pour autant, le tramway n'est pas le remède universel aux problèmes des transports et du développement durable. Roland Ries raisonne « en zones de pertinence » et prône « la complémentarité des modes de transport ». Si le tramway atteint sa pleine efficacité en centre-ville, il coûte cher et n'est pas pertinent en périphérie. C'est dans cette logique que Strasbourg a été la première ville de province à mettre en place un système d'autopartage, avec la société Auto'trement. « Nous réfléchissons à la création de places de parking réservées à ce mode de transport, avec des tarifications plus avantageuses », précise le maire. Strasbourg n'est jamais à court d'idées pour développer les transports durables. Alors qu'un tiers des 280 bus urbains fonctionne au gaz, la ville a mis en service, début 2009, un bus articulé, Solaris Urbino Hybrid, à très faible consommation de carburant. Prochaine prouesse technologique : la mise en service, en 2014, d'un tram-train hybride qui reliera le cœur de Strasbourg à l'extérieur de l'agglomération.

Quand l'entreprise pousse au covoiturage

De collègues qu'ils étaient, ils sont devenus amis. Pendant la pause, ils font des courses ensemble, et parfois, se retrouvent pour le dîner. Depuis plus d'un an, Mansour Aidara et Frédéric Garaud, informaticiens à Arval, une filiale de BNP Paribas située à Rueil-Malmaison, pratiquent le covoiturage. Trois fois par semaine, ils font le trajet domicile-travail-domicile dans la voiture de l'un ou de l'autre. Mansour habite Issy-les-Moulineaux, tandis que Frédéric vit à moins de 2 kilomètres de chez lui, à Boulogne-Billancourt.

Un jour, ils se sont dit que c'était idiot de faire le voyage seul. « On se suivait, ça faisait un peu convoi », s'amuse Mansour, 38 ans, marié et père de trois enfants. Lui est inscrit sur le réseau intranet Ecovoiturage que le groupe a lancé en janvier, et qui permet même de chiffrer le coût du trajet. Les deux compères s'épargnent les calculs d'épicier, avec un aller-retour estimé à 1,52 euro. Lors des trajets, si Frédéric, 37 ans, qui vit en couple, a l'impression d'être dans un taxi et goûte le plaisir d'écouter la radio et de regarder le paysage, Mansour, lui, apprécie que son chauffeur roule un peu moins « sport ». Une connivence qui demande malgré tout de la souplesse dans les horaires de chacun : il n'est pas rare, en effet, que le soir l'un attende l'autre.

Sur les canaux d'Amsterdam, certaines péniches se distinguaient par leurs toits couverts de gazon ou de plantes en pot. Demain, ce sont ceux des immeubles qui devraient se retrouver tout de vert vêtus. Amsterdam, 750 000 habitants, a décidé en décembre 2008 de consacrer 100 000 euros à l'installation de toits végétalisés sur ses bâtiments publics, dont le fameux Stopera, l'opéra de Waterlooplein. Les sociétés de logements sociaux pourront aussi bénéficier de ces subventions. De leur côté, depuis février, deux grandes mairies d'arrondissement, Centrum et Oud-Zuid, incitent les particuliers à installer ce type de revêtement de toiture chez eux.

Pourquoi cet engouement ? « Les toits verts ont d'abord le gros avantage de retenir l'eau de pluie, ce qui évite aux égouts de déborder et de polluer les canaux », explique Lilian Voshaar, conseillère de Wijkcentrum Ceintuur. Elle explique aux riverains la démarche à suivre pour toucher la subvention de 20 euros par mètre carré de toit vert offerte par la mairie. Principale condition posée par l'arrondissement : il faut qu'il soit planté de Sedum, une plante de rocaille qui ne demande aucun entretien, stocke de l'eau dans ses feuilles et donne des fleurs de toutes les couleurs. Le prix du mètre carré de cette couverture va de 45 à 120 euros, et plusieurs sociétés privées proposent déjà la vente de modules et leur installation. « Cela représente un investissement, reconnaît Saskia Gerritsen, une décoratrice qui a tenté l'expérience chez elle, mais il a vite été amorti grâce aux économies sur ma facture de chauffage, car les plantes isolent très bien, du chaud l'été et du froid l'hiver. » Les petites fleurs ne donnent pas seulement de l'oxygène. Elles attirent aussi des insectes, qui eux-mêmes attirent des oiseaux, et renforcent l'écosystème urbain. Il faut seulement s'assurer, avant l'installation, que la charpente du toit peut soutenir un poids important et que les ardoises sont bien jointes, pour éviter les fuites.

Ces toits verts sont moins une découverte qu'une redécouverte. Dans les campagnes, du gazon pousse depuis des siècles sur les toits inclinés des maisons traditionnelles en bois. À Amsterdam, la vague hippie étant passée par là, des toits verts et des jardins en terrasse existent depuis les années 60. Dans le quartier du Pijp, une association cultive même depuis plusieurs années un jardin collectif sur le toit d'un garage, chacun pouvant s'inscrire pour avoir droit à son mètre carré de potager. La vraie nouveauté, c'est la politique de subvention généralisée. « Un petit pas de plus vers la ville verte de demain », espère Lilian Voshaar

1. Les trois articles parlent :

☐ **a.** Des moyens de transports.

☐ **b.** Du respect de l'environnement en ville.

☐ **c.** De l'urbanisme et des conséquences dans les rapports entre citoyens.

2. À quoi correspondent ces chiffres ?

a. 500 :

b. 280 :

c. 1990 :

d. 1,52 :

e. 100 000 :

f. 20 :

3. Quelles décisions politiques et environnementales ont été mises en place à Strasbourg ?

4. Quels avantages et inconvénients les tramways présentent-ils à Strasbourg ?

5. Pour quelle raison Mansour Aidara et Frédéric Garaud ont-ils décidé de pratiquer le covoiturage ?

Quelle est la fréquence de leurs trajets ?

6. Faites la liste des aspects positifs du covoiturage mis en avant dans les deux premiers articles.

7. Lisez l'article sur Amsterdam et répondez par vrai ou faux en justifiant à l'aide d'une phrase du texte.

	Vrai	Faux
a. La ville d'Amsterdam a décidé d'installer du gazon uniquement sur les toits des établissements publics.	☐	☐
b. La mairie propose une aide financière pour toute personne qui installerait un toit végétal, sous aucune condition.	☐	☐
c. Ces toits végétaux permettent de rééquilibrer l'écosystème.	☐	☐

d. Le fait d'avoir du gazon sur les toits n'est pas une nouveauté à Amsterdam. ☐ ☐

• Production écrite

Au choix :

• *Sujet 1* : Vous avez appris que votre société allait être rachetée par une grande multinationale. Vous préparez une lettre contre cette décision et vous défendez l'indépendance de votre société.

• *Sujet 2* : Le gouvernement de votre pays a décidé d'instaurer l'apprentissage obligatoire d'une seconde langue à l'école primaire, dès l'âge de 6 ans. Vous donnez votre opinion sur cette décision.

• Production orale

Lisez l'article sur le service public. Dégagez le thème soulevé par l'auteur puis présentez votre opinion sous forme d'un exposé.

Service public

La Poste sera donc privatisée en 2011. Elle s'y prépare activement. Hier, en faisant la queue au guichet, j'ai bénéficié de publicités pour des boissons gazeuses et des crèmes adoucissantes pour les mains, qui passaient en boucle sur un écran. Quand j'ai acheté un timbre, l'employée m'a demandé : « Je vous mets les enveloppes avec ? » Elle m'a vendu aussi un tube de colle spéciale qui permet de bien les cacheter. « Vous avez la carte de La Poste ? s'est-elle enquise d'un air gourmand. Je vous la fais, ça demande une minute et vous pourrez cagnotter des points. » Sur le chemin de la sortie, le conseiller financier m'a saisi par la manche : « Monsieur Sole (leurs listes informatiques ne font pas les accents), avez-vous un instant ? » Il m'a entraîné dans son bureau : « Votre Livret A a atteint son plafond. Connaissez-vous le Livret B ? Nous faisons des promotions en ce moment. » Je n'ai pas tardé à découvrir aussi les avantages des Livrets C et D. Il a été si convaincant que j'ai souscrit à toutes les lettres de l'alphabet. Ce qui m'a valu 200 points. Mon cadeau, lui – un tire-bouchon clignotant –, me sera livré à la maison. Par la poste.

Robert Solé
Le monde.fr, 29/08/2008

Projet : 10219133
Imprimé en janvier 2016 sur les presses de Grafica Veneta - Italie